ORIGAMI Dinosaurier

Nick Robinson

arsEdition

Origami

Origami heißt die jahrhundertealte japanische Kunst des Papierfaltens. Heute beschäftigen sich Millionen von Menschen überall auf der Erde damit. Die Grundlagen des Papierfaltens sind einfach, aber es kann ein Leben lang dauern, bis jemand ein Origami-Meister wird.

So benutzt du dieses Buch

In diesem Buch findest du viele farbige Papiermodelle mit einfachen Faltanleitungen. Schau dir die Skizzen genau an und lies den ganzen Anleitungstext, bevor du mit einem Modell anfängst. Hinten im Buch findest du zu jedem Modell zwei Faltblätter: eins in Schwarzweiß zum Üben und ein farbiges für dein endgültiges Falttier.

★ In den Faltdiagrammen findest du jeweils am Startpunkt und an anderen wichtigen Faltschritten einen Stern. Achte beim Falten immer darauf, dass der Stern auf deinem Faltblatt an derselben Stelle liegt, wie die Skizze zeigt. So stimmt am Schluss das Muster deines Tieres.

Schritt für Schritt zum Meister

Jedes Faltmodell in diesem Buch hat einen Schwierigkeitsgrad. Beginne mit den einfachen Tieren am Anfang des Buches und vervollkommne mit jedem Tier deine Falttechnik bis zu den Modellen für Origami-Meister am Schluss.

LEICHT ★☆☆☆

Anfänger

Mit einem Stern sind Einsteiger-Modelle mit einfachen Falttechniken gekennzeichnet.

MITTEL ★★☆☆

Fortgeschritten

Zwei Sterne haben anspruchsvollere Modelle mit weiterführenden Falttechniken.

SCHWER ★★★☆

Experte

Drei Sterne erfordern bereits kompliziertere Falttechniken.

KOMPLEX ★★★★

Meister

Vier Sterne sind für Origami-Meister und erfordern alle Falttechniken des Buches.

Schau dir die Tipps und Tricks auf Seite 48 an, bevor du anfängst.

Falttechniken

Hier findest du grundlegende Falttechniken, die in jedem Origami-Modell verwendet werden und die auch du für deine Origami-Tiere brauchst. Übe sie mit Altpapier, bis du sie gut beherrschst. Verändere beim Üben die Winkel und Abstände der Knicke und beobachte, was dies bewirkt.

Talfalte

Falte das Papier in Pfeilrichtung nach oben weg von dir und glätte den Knick mit einem Zeigefinger (Vorderseite innen).

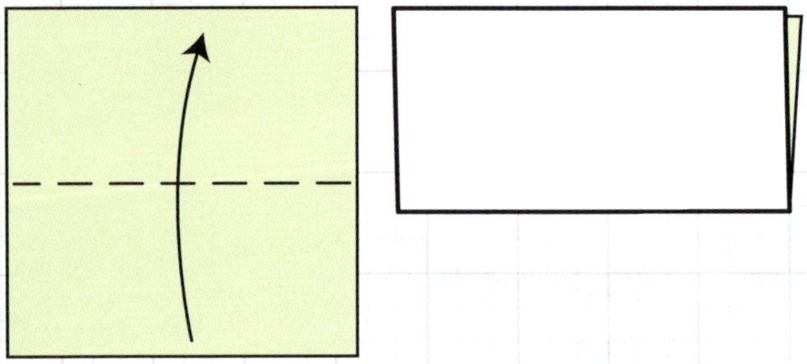

Bergfalte

Gegenteil der Talfalte: Falte das Papier in Pfeilrichtung nach hinten weg (Vorderseite außen).

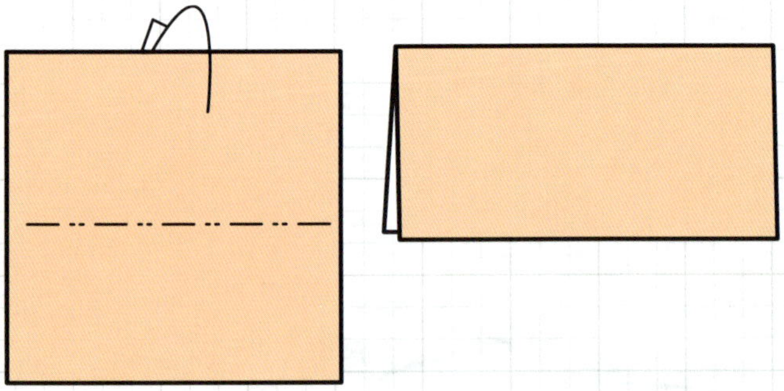

Senkrechte Falte

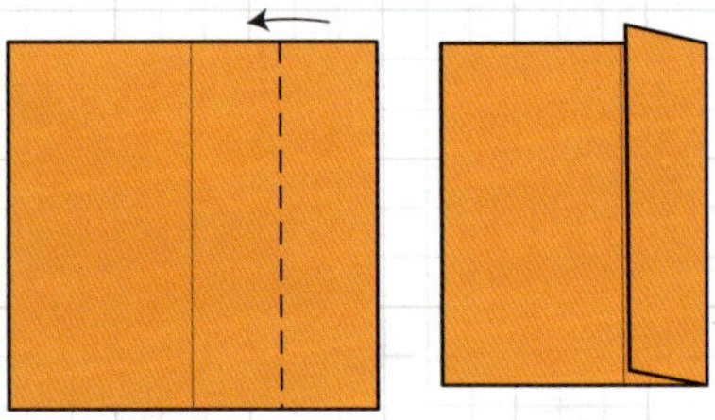

Waagerechte Falte

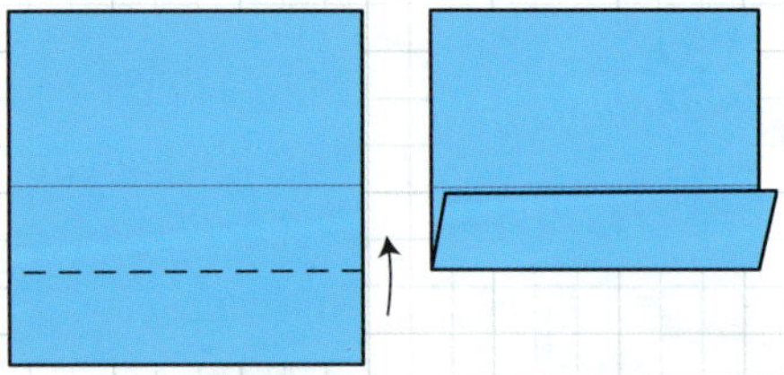

Gegenknick nach außen

Vorgefaltete Spitze entlang der vorgefalteten Linien vorsichtig nach außen um die Papierlagen stülpen.

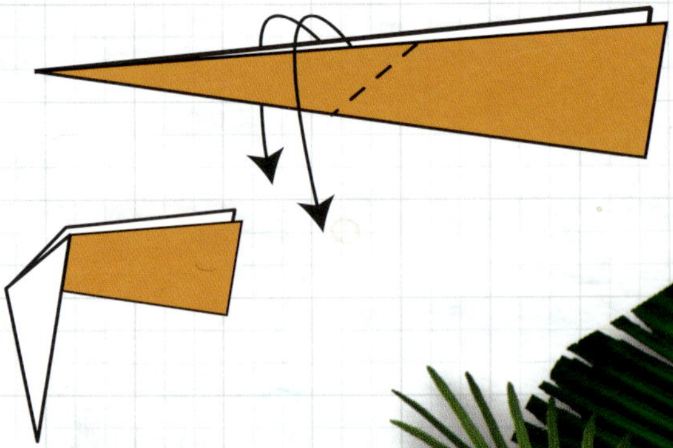

Gegenknick nach innen

Vorgefaltete Spitze bei leicht geöffneter Figur vorsichtig nach innen zwischen die Papierlagen drücken.

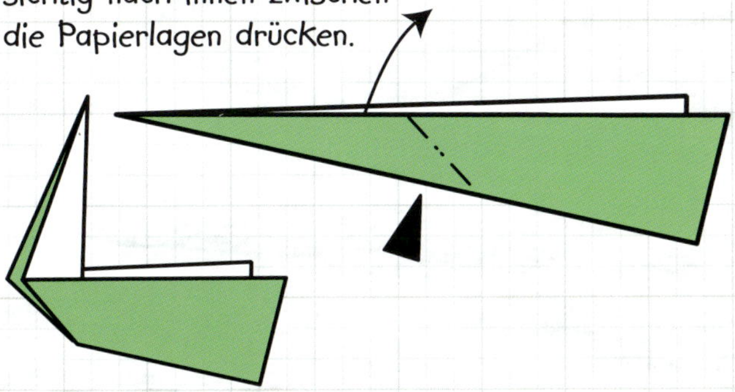

Doppelter Gegenknick

Durch die Kombination zweier Gegenknicke entstehen Köpfe und Schnäbel.

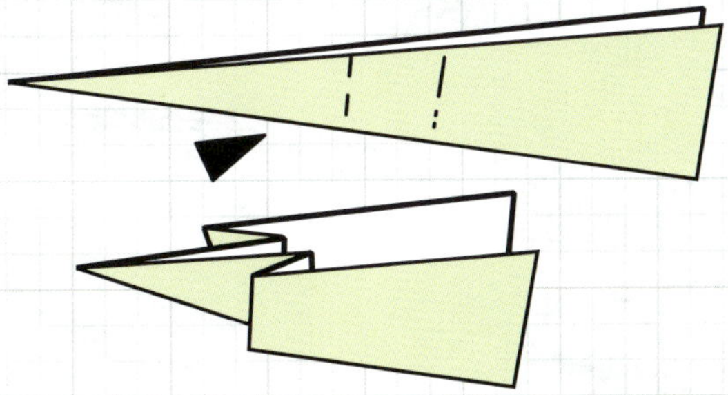

Knitterfaltung nach innen

Mache beidseitig Berg- und Talfalten wie in der Skizze, sodass du das kleine Dreieck nach innen »drehen« kannst.

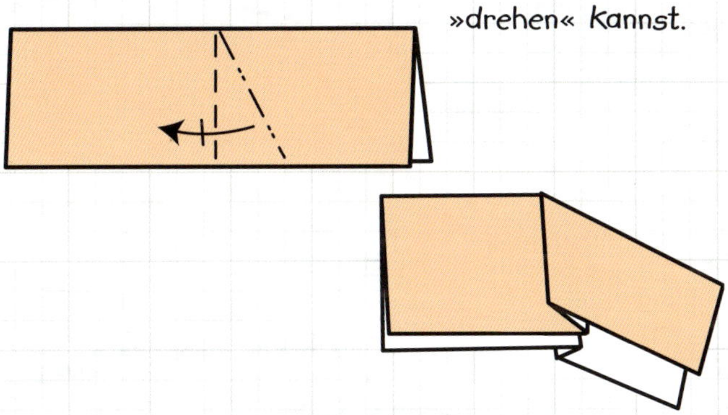

Knitterfaltung nach außen

Mache beidseitig Berg- und Talfalten wie in der Skizze, sodass du das kleine Dreieck nach außen »drehen« kannst.

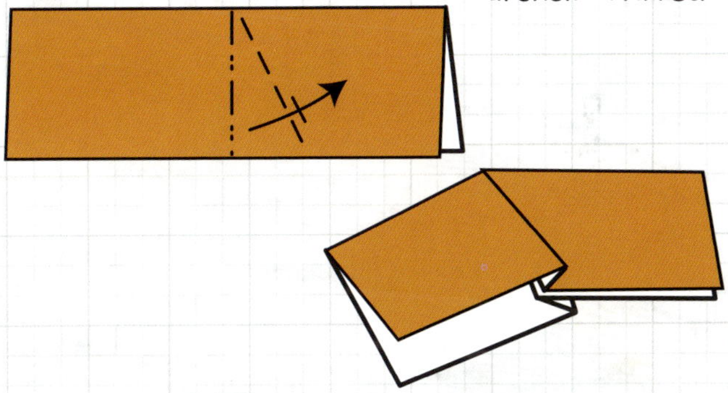

Startpunkt-Stern
Der Stern auf Faltblatt und Skizze hilft bei der richtigen Ausrichtung des Faltblatts.

Vorfalten
Falten und wieder öffnen.

Besondere Stelle
Achte auf diesen Punkt.

Wiederholungspfeil
Wiederhole den letzten Faltvorgang. Die Anzahl der Querstriche zeigt, wie oft du den Schritt wiederholen musst.

Umdrehen
Drehe dein Modell auf die andere Seite.

Bergfalte
Falte hier eine Bergfalte.

Talfalte
Falte hier eine Talfalte.

Druck
Drücke hier in diese Richtung.

Fälteln
Hier legst du das Modell in Falten.

Eindrehen
Drehe diesen Modellteil mehrfach ein.

Öffnen
Öffne das Modell hier.

Tyrannosaurus Rex

Als er vor circa 70 Millionen Jahren die Erde bevölkerte, war der Tyrannosaurus einer der größten fleischfressenden Dinosaurier. Er konnte bis zu 13 m lang und 5 m hoch sowie bis zu 7 Tonnen schwer werden. In seinem enorm großen Kopf arbeiteten, wie die Forscher vermuten, äußerst kräftige Muskeln. So konnte er sich mit seinem Kiefer auch durch die größten Beutetiere fressen.

Fürchterliche Zähne
Die 60 rasiermesserscharfen Zähne erreichten Längen von bis zu 20 cm.

WISSEN
Manche Forscher glauben, dass sich der T-Rex als Aasfresser auch von toten Dinosauriern ernährte.

Falte einen T-Rex

LEICHT

Starte mit einem Furcht einflößenden Tyrannosaurus Rex.

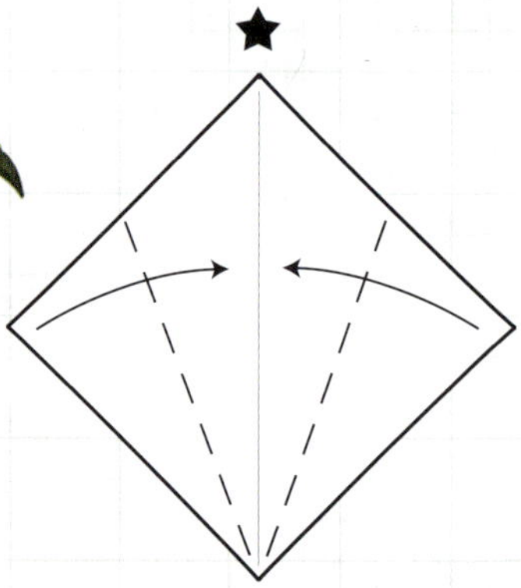

1 Die weiße Seite des Faltblatts liegt oben. Falte eine diagonale Mittellinie vor. Falte nach dem Öffnen die beiden äußeren Ecken zur Mitte.

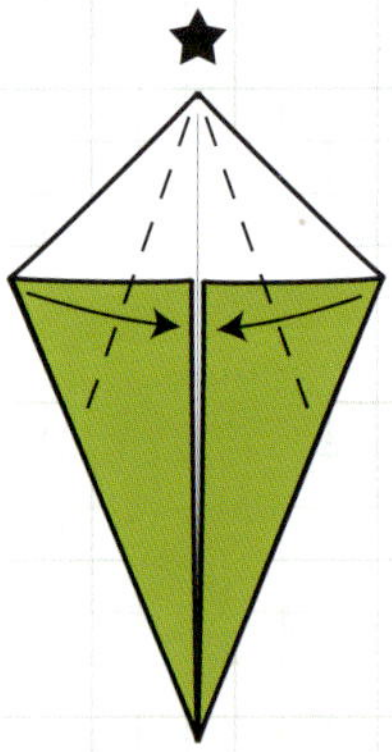

2 Falte die oberen Kanten zur Mittellinie.

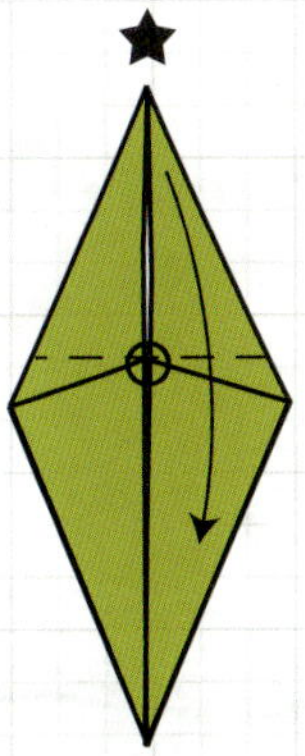

3 Falte die obere Spitze dort nach unten, wo der Treffpunkt der beiden Ecken aus Schritt 2 ist (siehe Kreismarkierung).

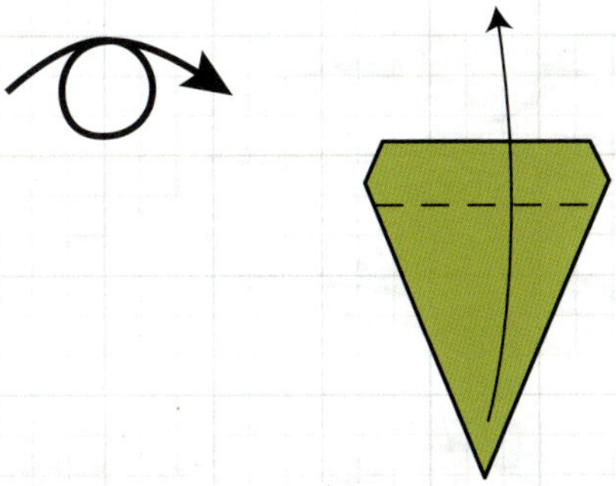

4 Wende das Modell und falte die oben liegende Klappe etwas unterhalb der breitesten Stelle nach oben.

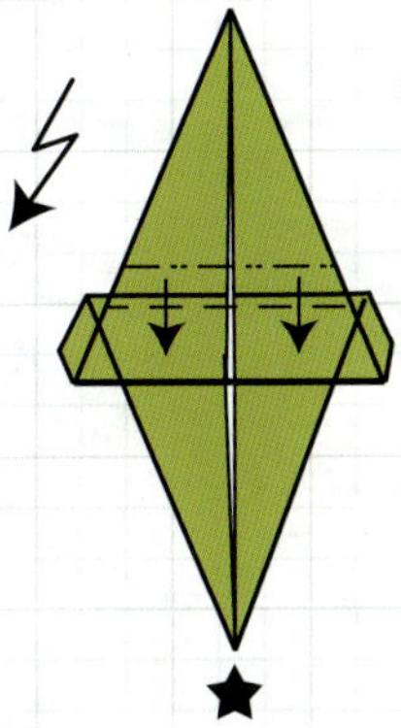

5 Lege (Berg- und Talfalte untereinander) in das obere Dreieck eine Falte.

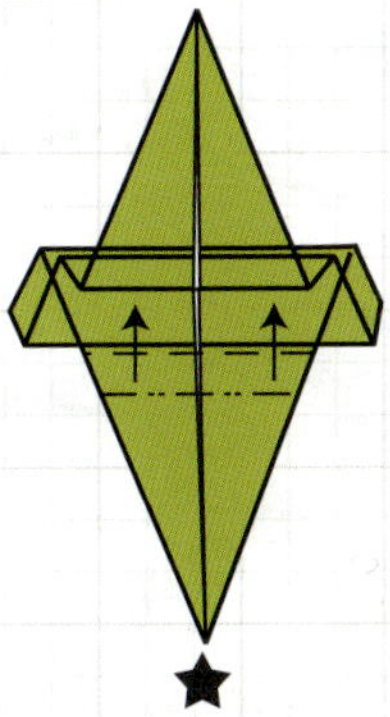

6 Lege auch in das untere Dreieck eine Falte.

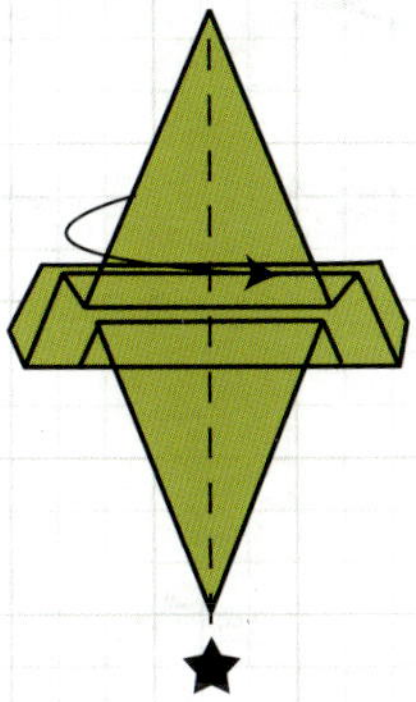

7 Klappe das ganze Modell mit einer Talfalte von links über die Mittellinie nach rechts zusammen.

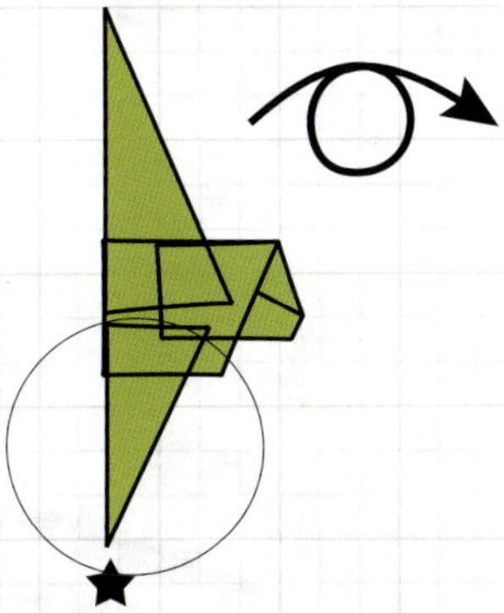

8 Wende dich nun dem Kopf zu. Drehe das Modell um.

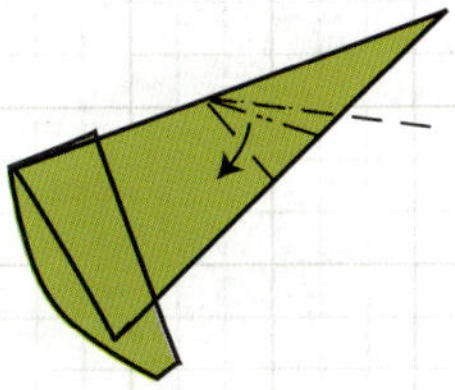

9 Mache eine Knitterfaltung (siehe Seite 5) am unteren Kopf.

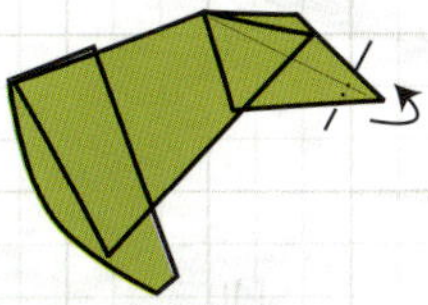

10 Knicke die Spitze mit einer Bergfalte nach hinten weg.

So sollte dein fertiger Tyrannosaurus Rex aussehen.

Dimetrodon

Das Auffälligste an einem Dimetrodon war seine riesige Rückenflosse. Sie war wahrscheinlich wichtig, um die Körpertemperatur zu kontrollieren. Wie alle kaltblütigen Tiere musste sich auch das Dimetrodon morgens aufwärmen, bevor es jagen konnte. In der segelartigen Rückenflosse verliefen zahlreiche Blutgefäße, die das Aufwärmen beschleunigten.

Großsegler
Das Rückensegel des Dimetrodons konnte bis zu 1 m hoch werden.

LEICHT

Falte ein Dimetrodon

Übe noch mal den Gegenknick. Zerteile dein Faltblatt in zwei Rechtecke.

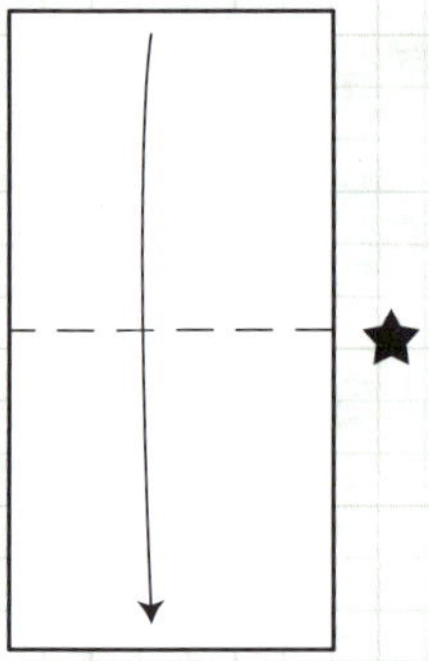

1 Die weiße Seite liegt oben. Falte die obere Schmalkante zur unteren und streiche den Knick glatt.

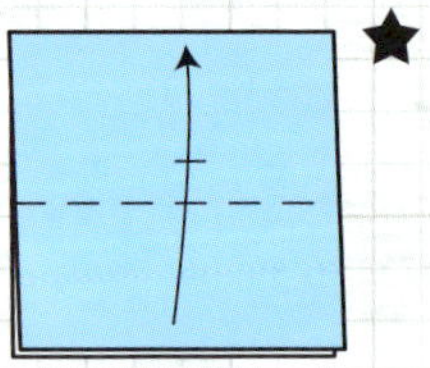

2 Falte die oben liegende Unterkante einzeln zur Oberkante und wiederhole das auf der anderen Seite.

WISSEN
Das Dimetrodon gehörte nicht wirklich zu den Dinosauriern, sondern zur Familie der Pelycosaurier (Segelechsen), die rund 40 Millionen Jahre vor den Dinosauriern lebten.

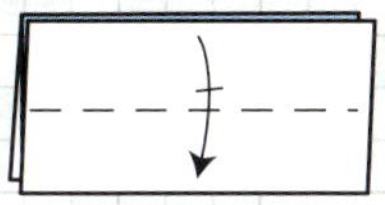

3 Falte noch einmal die Oberkante der oberen Lage zur Unterkante und wiederhole das auf der anderen Seite.

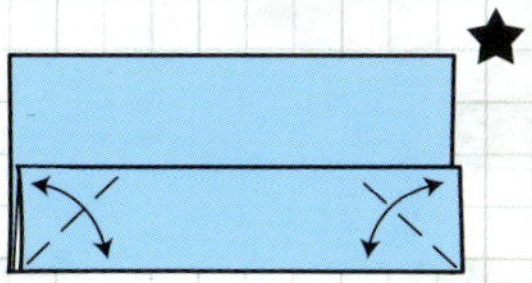

4 Falte die Kanten der Schmalseiten zur Unterkante, glätte die Knicke und öffne sie.

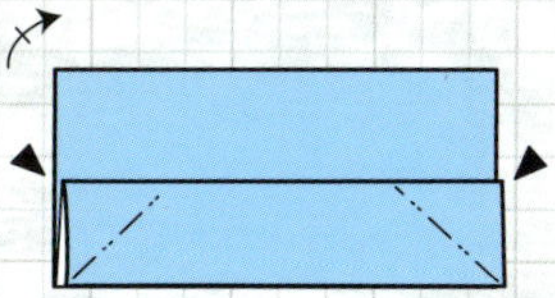

5 Bringe die Ecken mit einem Gegenknick nach innen. Verwende dabei die Knicke aus Schritt 4 und wiederhole das auf der anderen Seite.

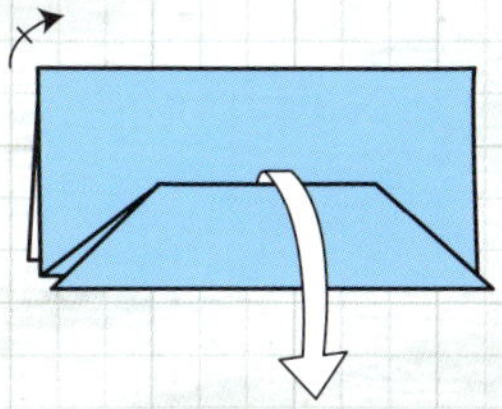

6 Falte auf beiden Modellseiten die Klappe nach unten.

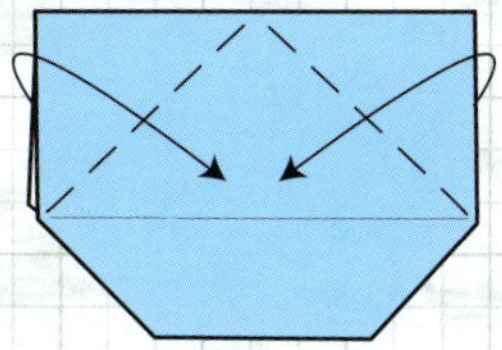

7 Falte die linke und rechte obere Ecke nach unten wie abgebildet, um das Segel zu formen.

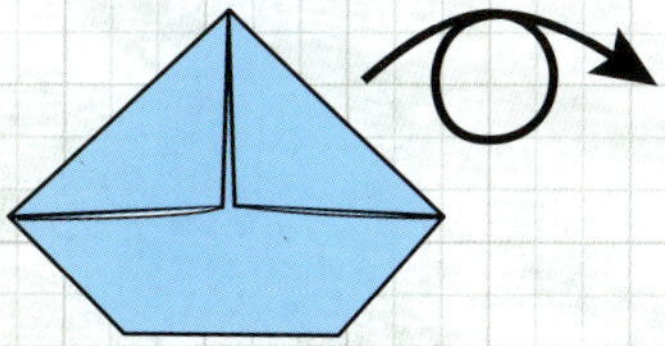

8 So sieht dein Modell aus. Drehe es jetzt um.

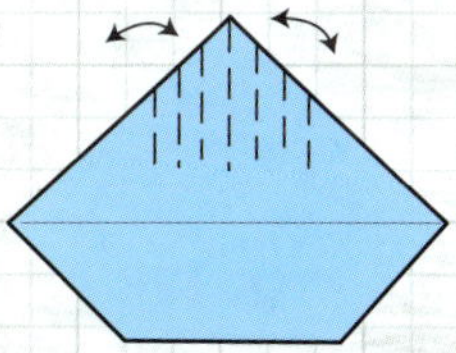

9 Lege das Rückensegel durch die Abfolge von Berg- und Talfalten in kleine Falten, um die Knochen zu simulieren.

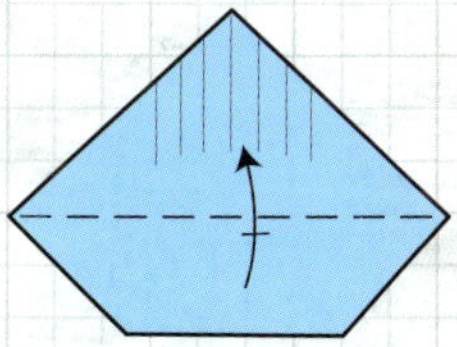

10 Falte die unteren Klappen auf beiden Seiten wieder hoch. Wende das Modell.

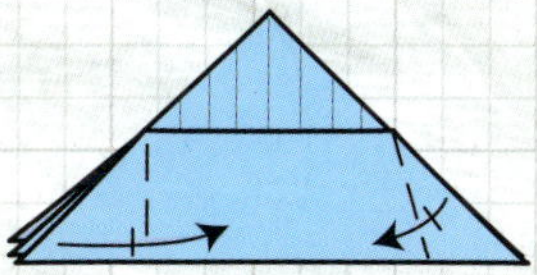

11 Klappe die obere Lage des linken Dreiecks nach rechts, um den Kopf freizulegen. Falte für das Bein die rechte obere Lage im angezeigten Winkel nach links. Wiederhole die Schritte auf der anderen Seite.

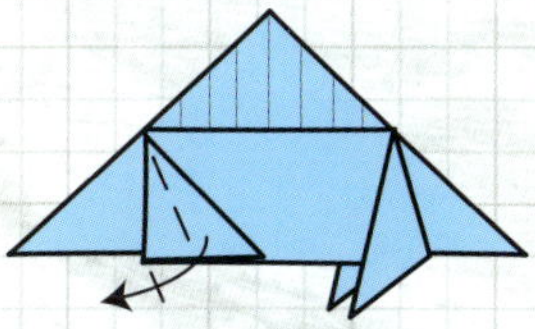

12 Falte die linke dreieckige Klappe so nach links, dass das Bein zum rechten passt. Wiederhole den Schritt auf der anderen Seite.

So sollte dein fertiges Dimetrodon aussehen.

Pteranodon

Diese Flugsaurier nutzten – so wie Segelflugzeuge – warme, aufsteigende Luftströme, um zu fliegen. Wozu der große Kamm am Hinterkopf diente, ist umstritten: Manche Forscher glauben, zum Steuern während des Fliegens, andere vermuten, als Gegengewicht zum extrem lang gestreckten Kopf.

Zahnlos
Pteranodonten hatten keine Zähne. Sie schluckten die Fische im Ganzen.

WISSEN
Pteranodon hatte eine Flügelspannweite von bis zu 9 m. Das ist so viel, wie wenn man circa 5 Erwachsene hintereinanderlegt.

LEICHT

Falte ein Pteranodon

Übe vor Beginn die Knitterfaltung.

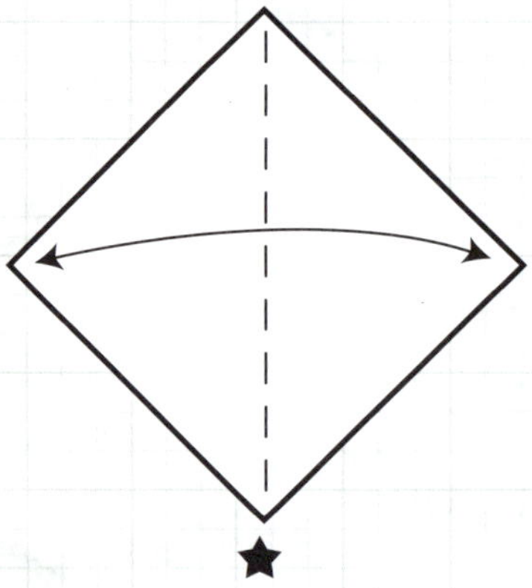

1 Die weiße Seite liegt oben. Falte eine diagonale Mittellinie und öffne den Knick.

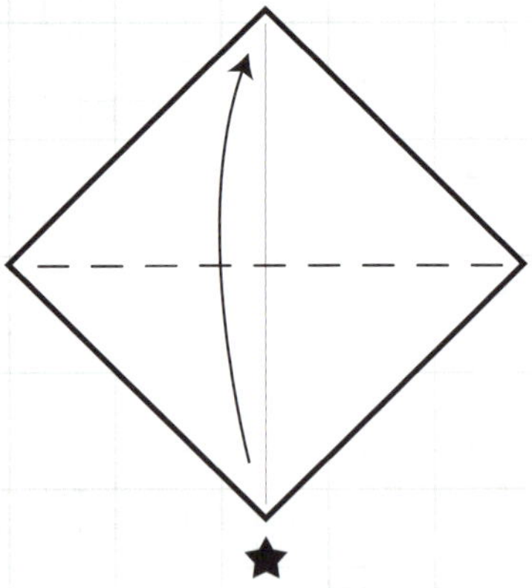

2 Falte die untere Ecke zur oberen Ecke hoch.

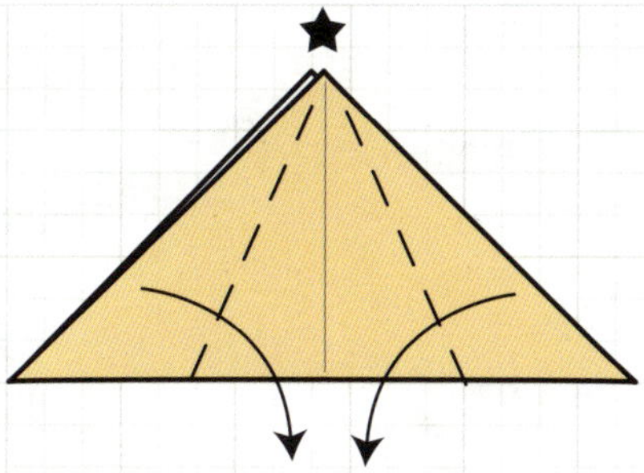

3 Falte die seitlichen Kanten zur senkrechten Mittellinie.

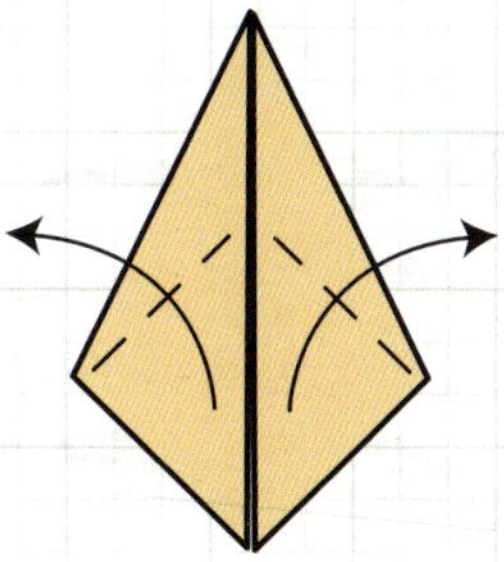

4 Falte die unteren Ecken zurück nach außen, aber so, dass die Oberkanten waagerecht liegen.

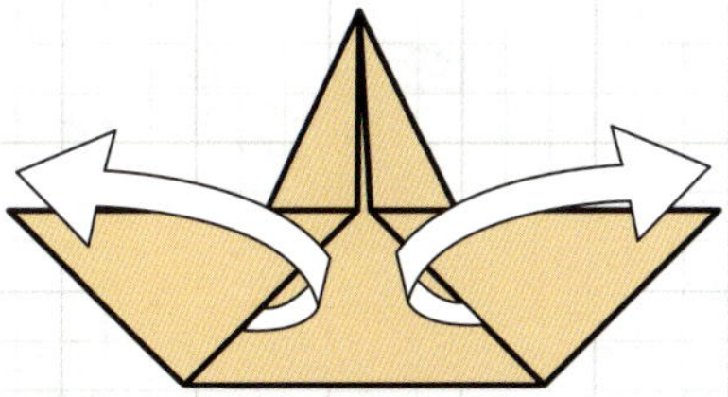

5 Öffne die Knicke aus den Schritten 3 und 4.

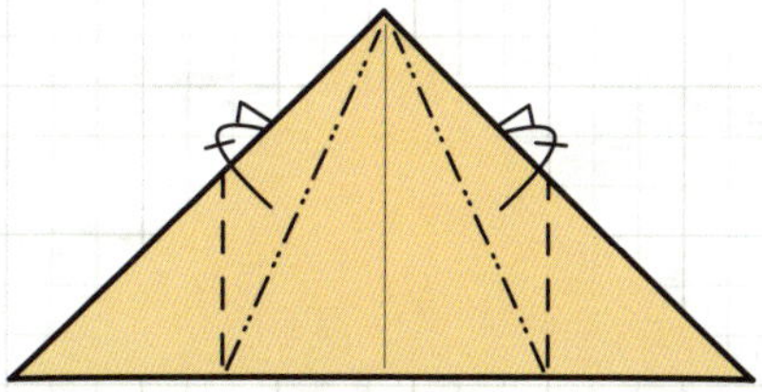

6 Nutze die Falten aus den Schritten 3 und 4 für eine Knitterfaltung.

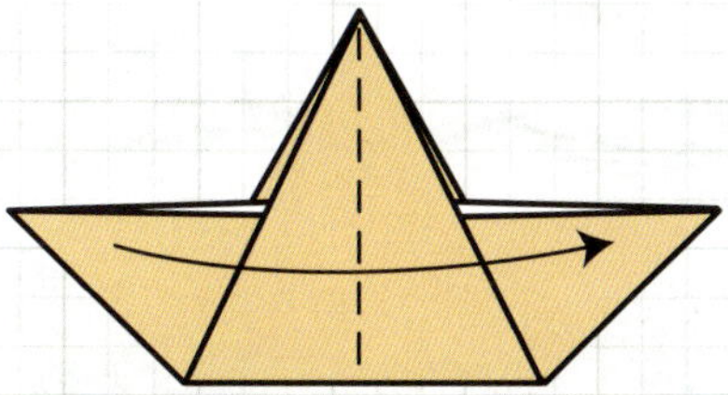

7 Klappe die linke Hälfte mit einer Talfalte über die rechte.

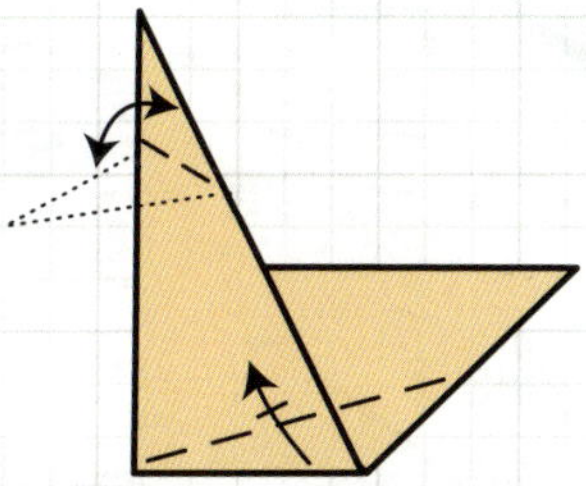

8 Falte die obere Ecke nach unten (orientiere dich am Muster), um den Kopf zu formen, und öffne sie erneut. Falte auf beiden Seiten die untere Ecke hoch.

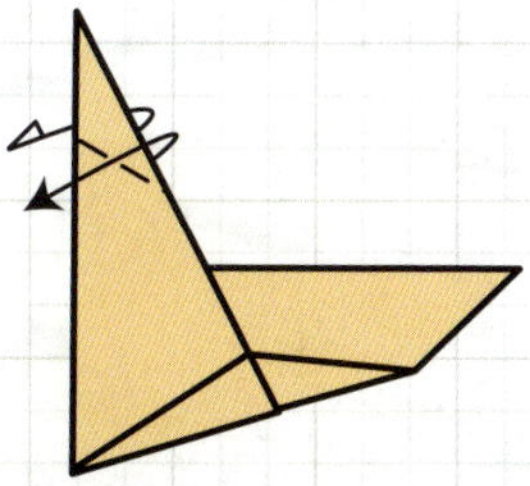

9 Durch einen Gegenknick nach außen bringst du den Kopf nach vorne.

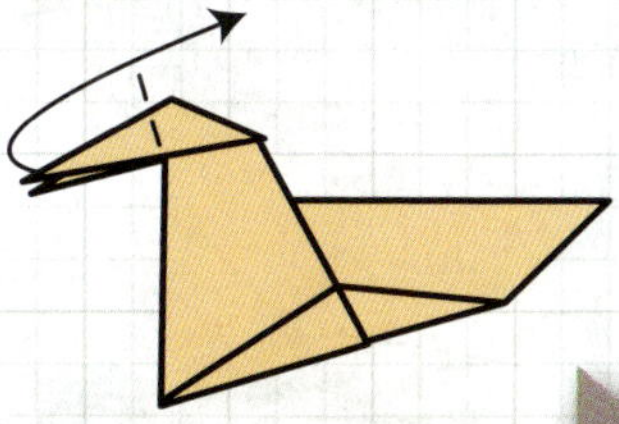

10 Falte den Kamm mit einem Gegenknick in der oberen Lage zurück und lege so das Gesicht frei.

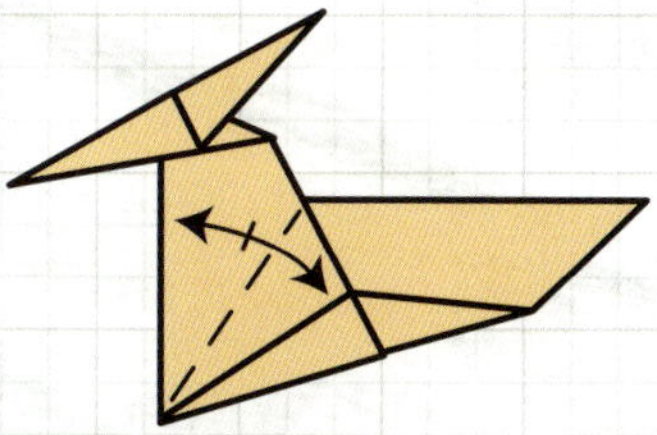

11 Klappe mit Talfalten auf beiden Seiten die Flügel nach vorne.

So sollte dein fertiges Pteranodon aussehen.

Stegosaurus

Trotz seiner enormen Ausmaße (bis zu 10 m lang und über 2 Tonnen schwer) war der Stegosaurus ein harmloser Pflanzenfresser. Zumindest solange er nicht angegriffen wurde. Die bis zu 75 cm langen Knochenplatten auf seinem Rücken dienten aber wohl eher dem Temperaturausgleich als dem Kampf.

Tödliche Waffe

Mit den langen Stacheln an der Schwanzspitze verteidigte sich der Stegosaurus.

WISSEN

Das Gehirn der riesigen Stegosaurier hatte lediglich die Größe einer Walnuss.

LEICHT

Falte einen Stegosaurus

Du hast zwei farbige Faltrechtecke für ein Stegosaurier-Paar.

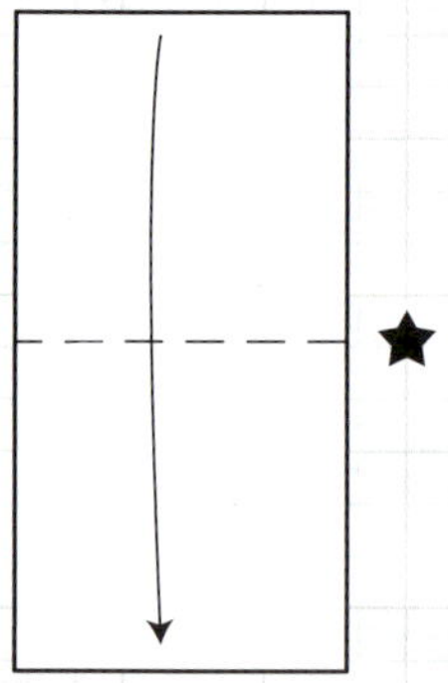

1 Die weiße Seite liegt oben. Falte das Blatt in der Hälfte.

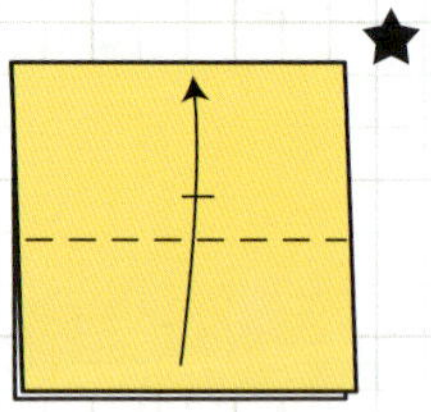

2 Falte die Unterkante der oberen Lage hoch. Wiederhole das auf der anderen Seite.

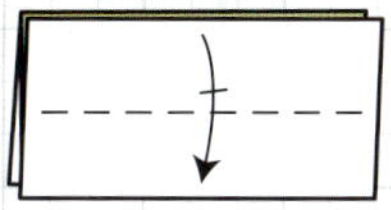

3 Falte diese Klappe nach unten zurück. Wiederhole das auf der Rückseite.

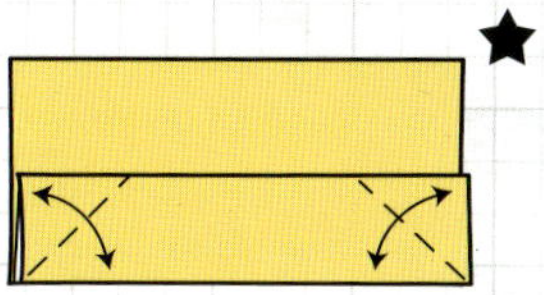

4 Falte die seitlichen kurzen Kanten nach unten zur Kante. Öffne die Knicke.

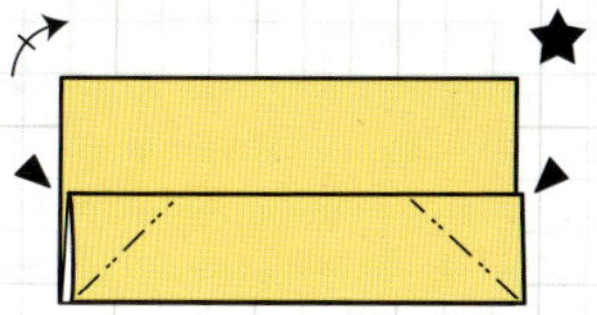

5 Mache mithilfe der Knicke aus Schritt 4 Gegenknicke nach innen. Wiederhole Schritt 4 und 5 auf der Rückseite.

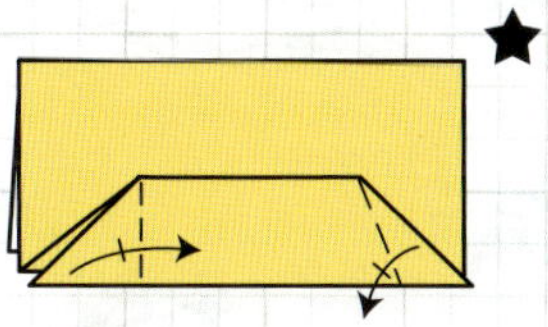

6 Klappe die obere Lage der linken Seite nach rechts. Falte die rechte Klappe wie skizziert nach unten. Wiederhole das auf der Rückseite.

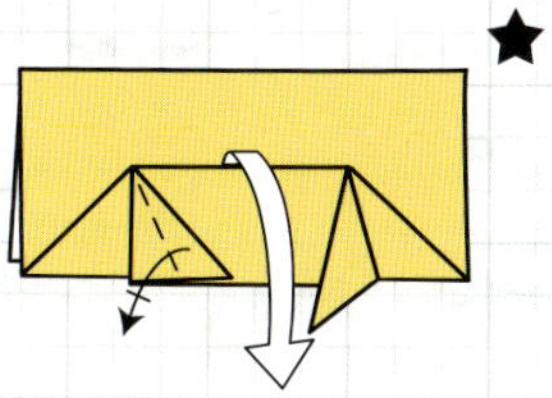

7 Falte für das Vorderbein die linke Klappe wie skizziert nach unten. Wiederhole das auf der Rückseite. Klappe jetzt die ganze untere Partie nach unten.

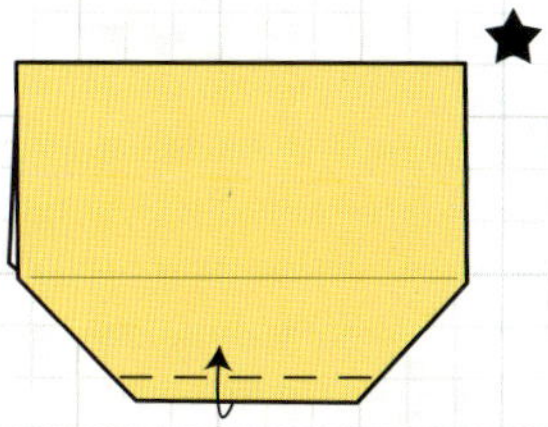

8 Falte einen schmalen Streifen hoch und wiederhole Schritt 7 und 8 auf der anderen Seite.

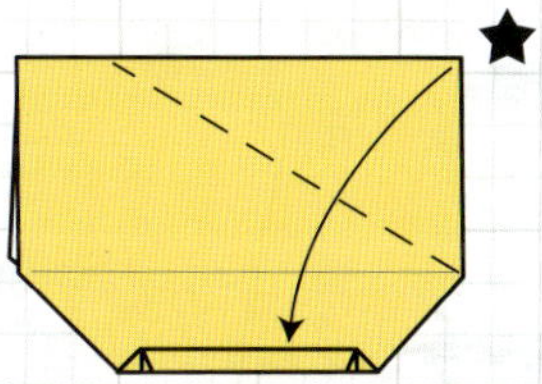

9 Falte die obere rechte Ecke zur unteren Kante. Starte dabei an der unteren rechten Ecke.

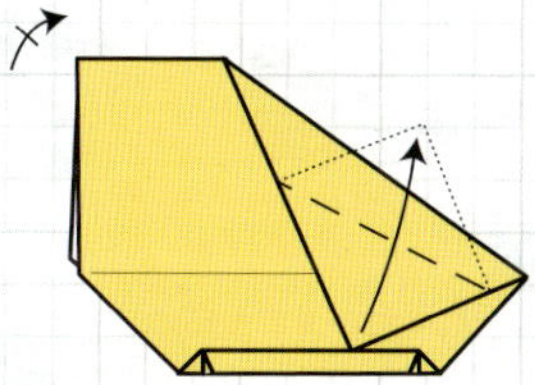

10 Falte die Spitze wie skizziert (gepunktete Linie) wieder hoch. Wiederhole die letzten beiden Schritte auf der anderen Seite.

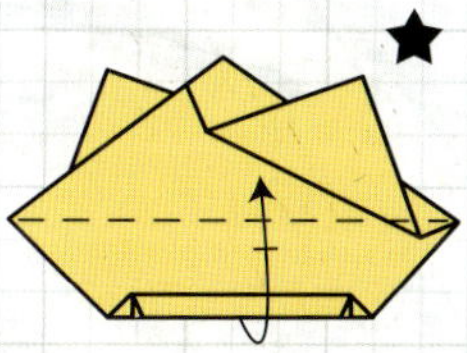

11 Falte auf beiden Seiten die unteren Klappen hoch.

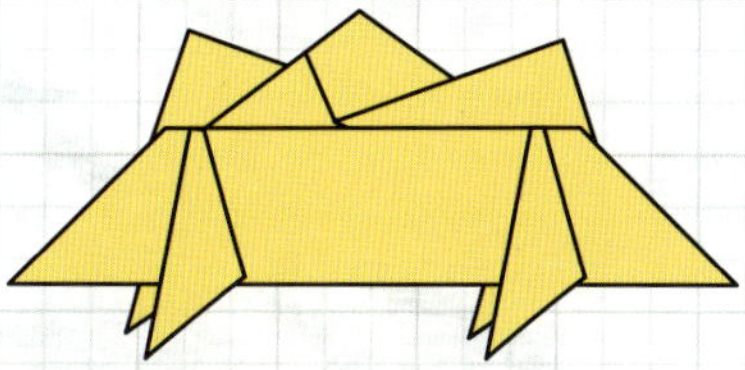

12 Öffne das Modell von unten leicht, dann steht es von alleine.

So sollte dein fertiger Stegosaurus aussehen.

Psittacosaurus

Dieser Dinosaurier lebte in der heutigen Mongolei und China. Er wurde bis zu 2,5 m lang, ging auf den Hinterbeinen und balancierte sich mit seinem langen Schwanz aus. An seinem Hinterkopf befand sich ein großer viereckiger Knochenkamm. An ihm waren die kräftigen Muskeln befestigt, die den schnabelartigen, mächtigen Kiefer bewegten.

Pflanzenfresser

Psittacosaurier pflückten mit ihrem zahnlosen, schnabelartigen Maul Früchte.

MITTEL

Psittacosaurus

Versuch mal dieses mittelschwere Faltmodell.

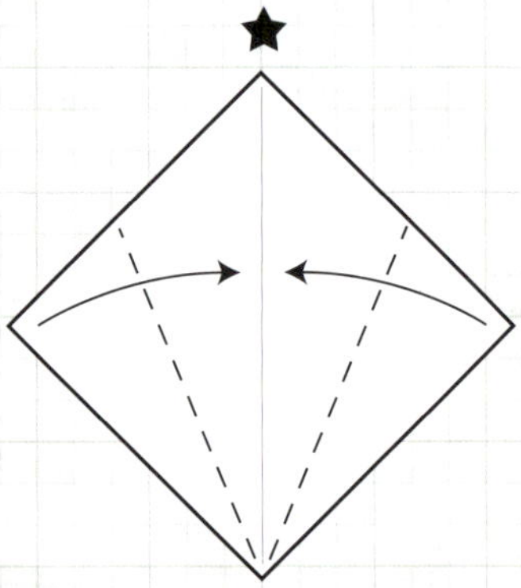

1 Die weiße Seite liegt oben. Knicke eine diagonale Talfalte und öffne sie. Falte beide unteren Kanten zur Mittellinie.

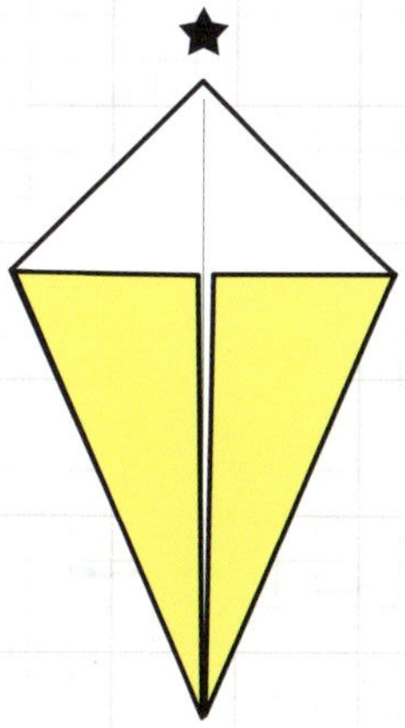

2 Drehe das Papier um.

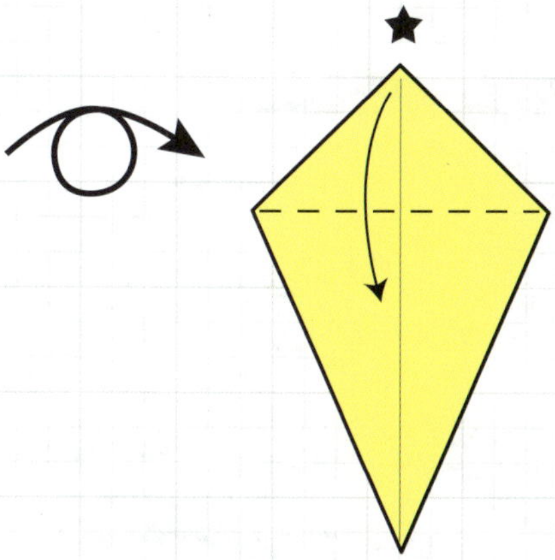

3 Falte die dreieckige obere Klappe nach vorne unten.

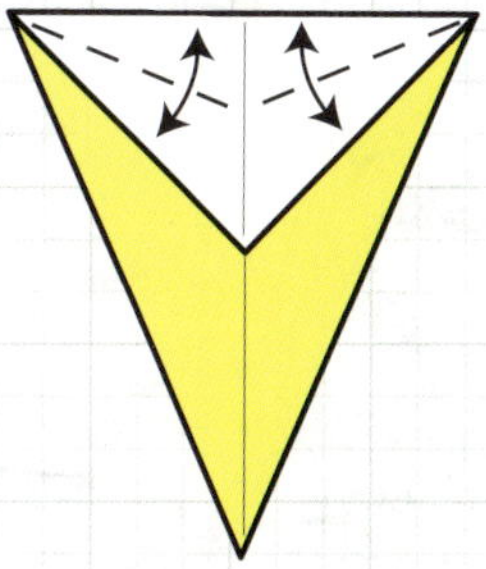

4 Falte beide Seitenkanten der Klappe zur oberen Kante vor, glätte den Knick aber nur bis zur Mittellinie.

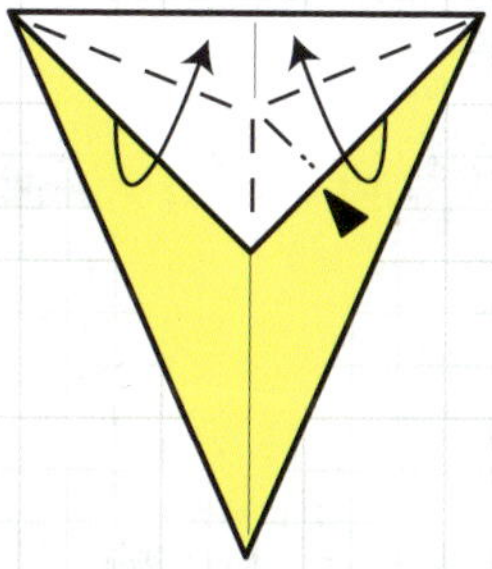

5 Falte entlang der zwei Linien, drücke dabei gleichzeitig so, dass die dreieckige Mittelklappe rechts liegt.

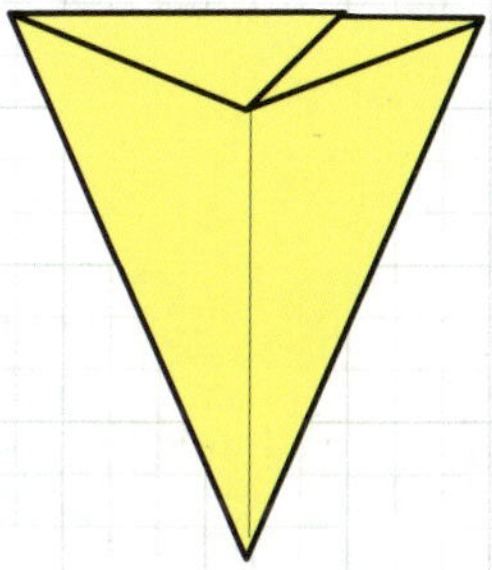

6 Jetzt sollte dein Faltmodell so aussehen.

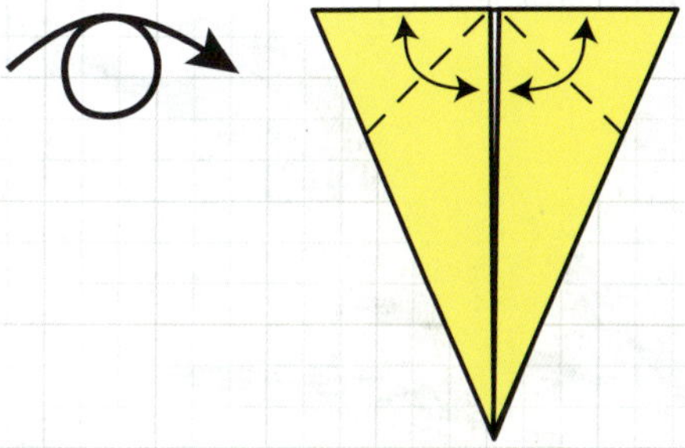

7 Drehe dein Modell um und falte die beiden Hälften der oberen Kante zur senkrechten Mittellinie. Öffne die Knicke.

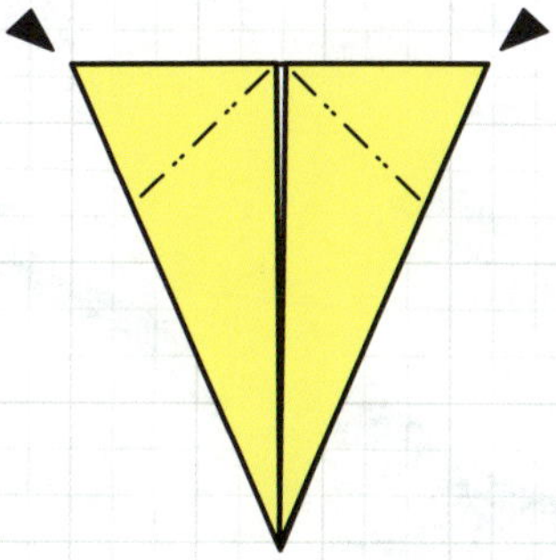

8 Falte mithilfe der Knicke aus Schritt 7 die Ecken mit einem Gegenknick nach innen.

WISSEN

Psittacosaurus bedeutet Papageienschnabel. Und tatsächlich muss das Maul dieses Dinosauriers wie ein Schnabel ausgesehen haben.

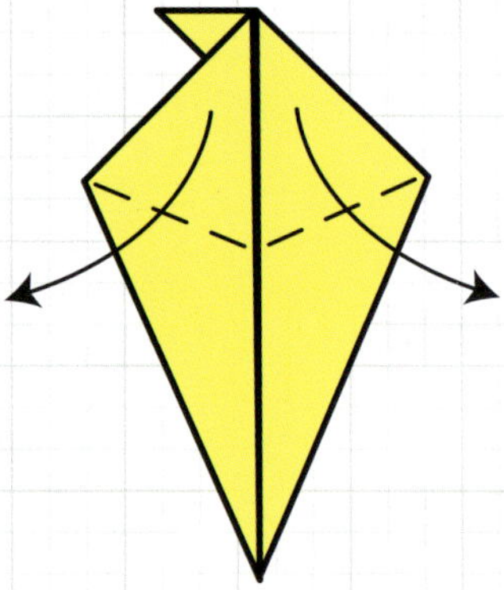

9 Falte die beiden oberen Klappen so weit nach außen wie möglich.

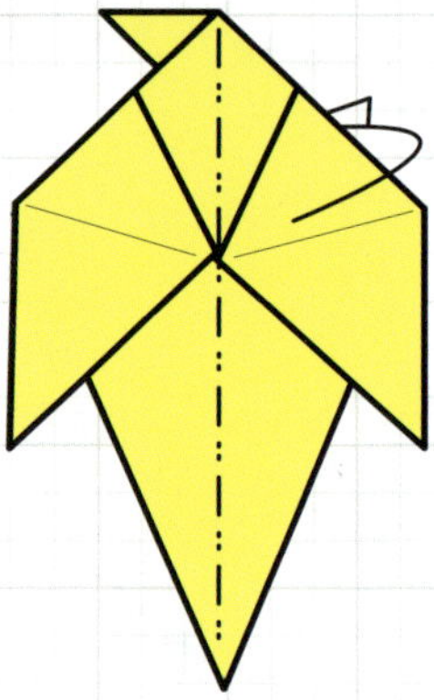

10 Klappe das ganze Modell mit einer Bergfalte mittig zusammen.

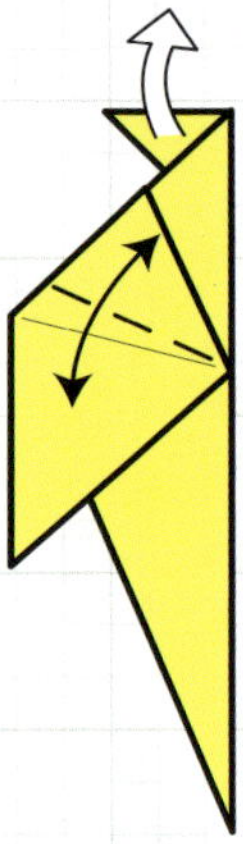

11 Entfalte vorsichtig die Kopfpartie. Falte einen Knick in einem kleinen Winkel zum vorhandenen Knick. Entfalte ihn wieder. Wiederhole das auf der anderen Seite.

12 Mache auf beiden Seiten eine Knitterfalte.

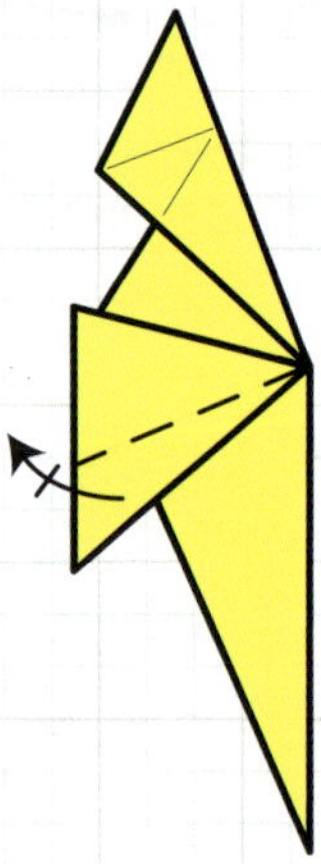

13 Knicke auf beiden Seiten die Klappe nach oben, um die Beine zu formen.

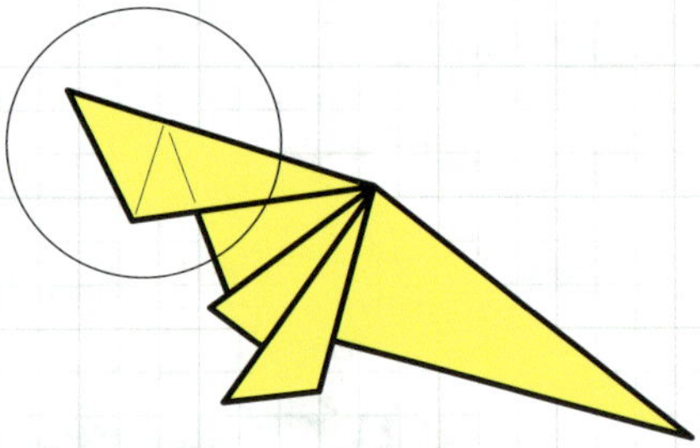

14 Wende dich jetzt dem Kopf zu.

WISSEN

Psittacosauier lebten während der frühen Kreidezeit, ungefähr vor 110 Millionen Jahren.

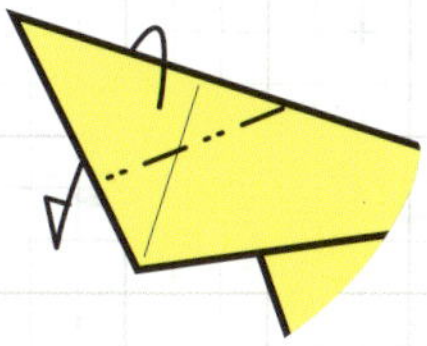

15 Knicke die Spitze mit einer Bergfalte nach hinten.

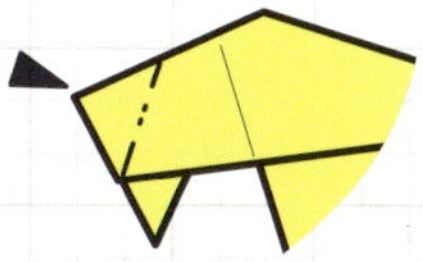

16 Mache einen Gegenknick nach innen wie skizziert.

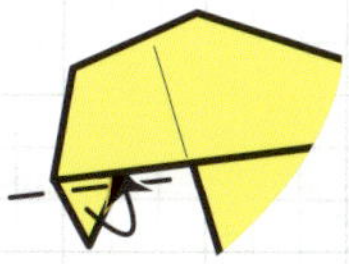

17 Stecke die Klappe nach innen, sodass der Kopf zusammenhält.

WISSEN

Psittacosaurier konnten sowohl auf zwei als auch auf vier Beinen laufen. Um vor Feinden zu fliehen, rannten sie aber wohl nur auf den Hinterbeinen.

So sollte dein fertiger Psittacosaurus aussehen.

Styracosaurus

Styracosaurier lebten vor ungefähr 70 Millionen Jahren und wurden bis zu 5 m lang. Die extrem wirkungsvoll bewaffneten Pflanzenfresser hatten einen Ring spitzer Hörner rund um ihren Nackenschild. Beim Angriff eines Gegners senkte der Styracosaurus vergleichbar dem heutigen Nashorn den Nackenschild und richtete so die Hörner gegen den ungeschützten Bauch eines Angreifers, wie z.B. dem Tyrannosaurus rhino.

Gut gerüstet
Er verteidigte sich mit seinem Nackenschild und mit einem großen Horn auf der Nase.

WISSEN

Anders als viele andere Dinosaurier, die ihre Nahrung ganz verschlingen mussten, hatte der Styracosaurus Zähne, um zu kauen.

MITTEL

Falte einen Styracosaurus

Übe das Fälteln, bevor du anfängst.

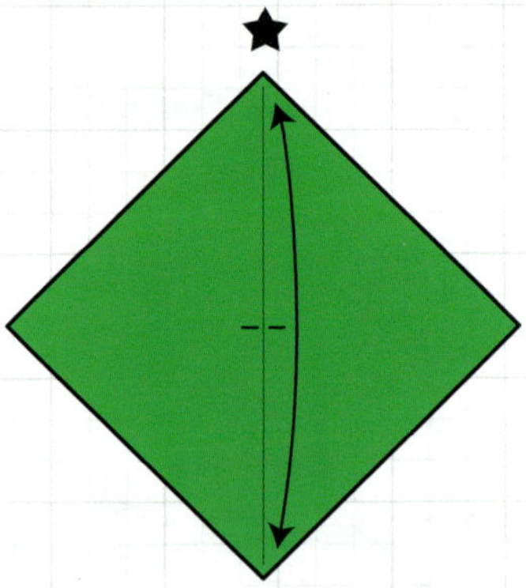

1 Die gemusterte Seite liegt oben. Falte die senkrechte Diagonale vor und entfalte sie wieder. Falte die obere Ecke zur unteren, aber mache nur eine kleine Markierung in der Mitte.

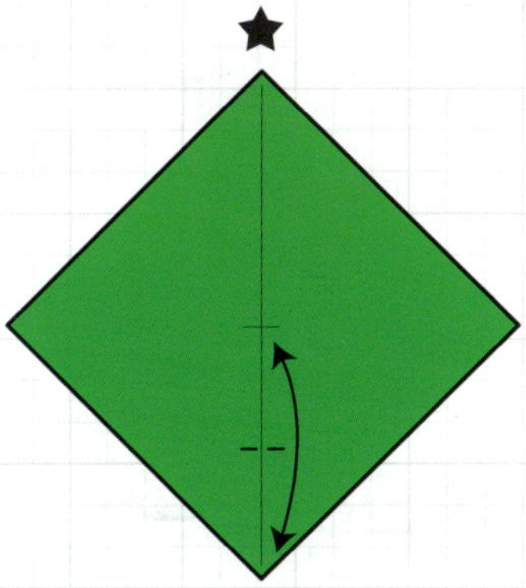

2 Falte die untere Ecke zu dieser Markierung hoch, aber mache erneut nur eine kleine Markierung.

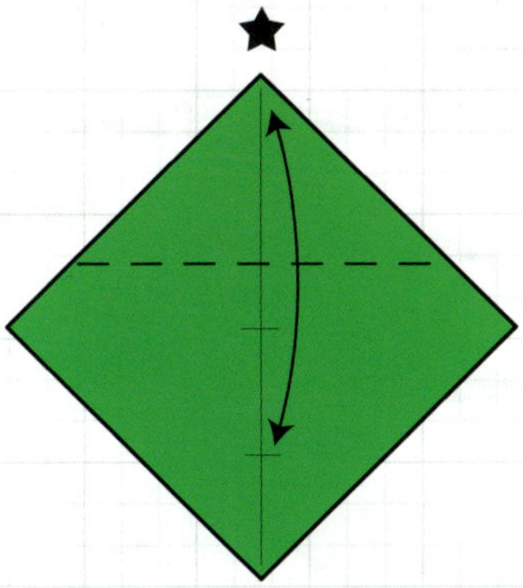

3 Falte die obere Ecke zur Markierung aus Schritt 2 und entfalte den Knick.

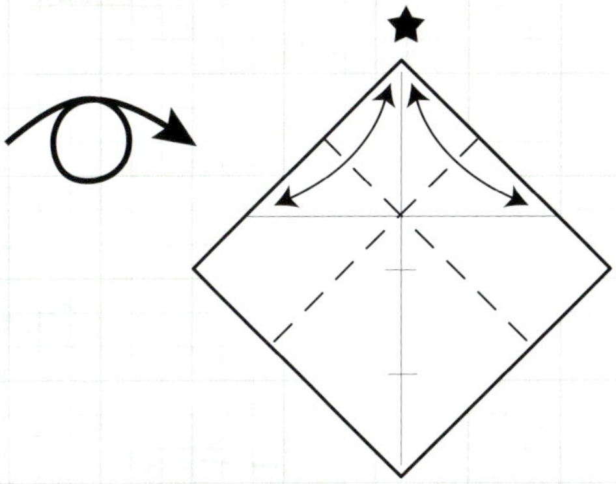

4 Drehe das Blatt um. Falte die obere Ecke zu einem Endpunkt der Falte aus Schritt 3. Öffne und wiederhole auf der anderen Seite.

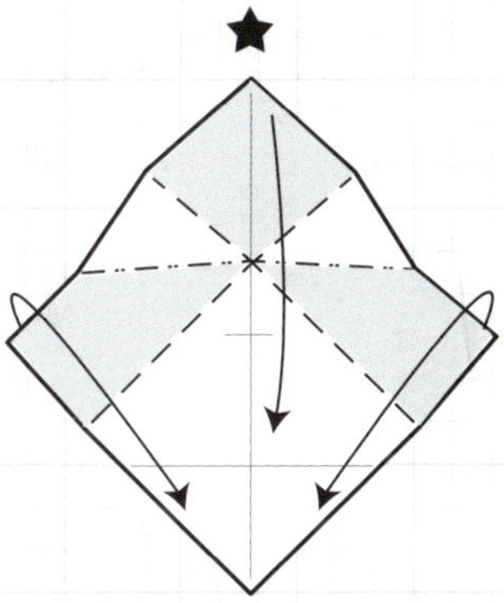

5 Bringe mithilfe der Knicke aus Schritt 3 und 4 die oberen drei Ecken nach unten und lege so das Papier flach.

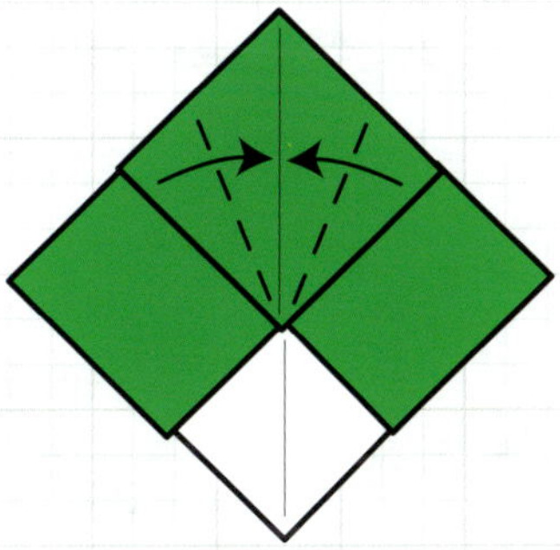

6 Falte die unteren Kanten des kleinen Quadrats zur senkrechten Mitte.

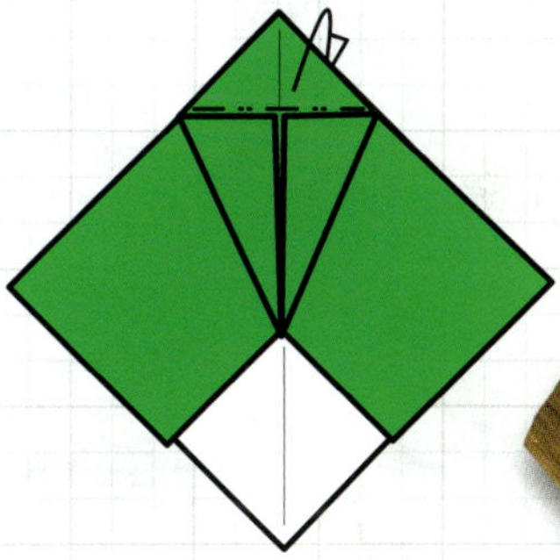

7 Klappe das obere Dreieck mit einer Bergfalte nach hinten weg.

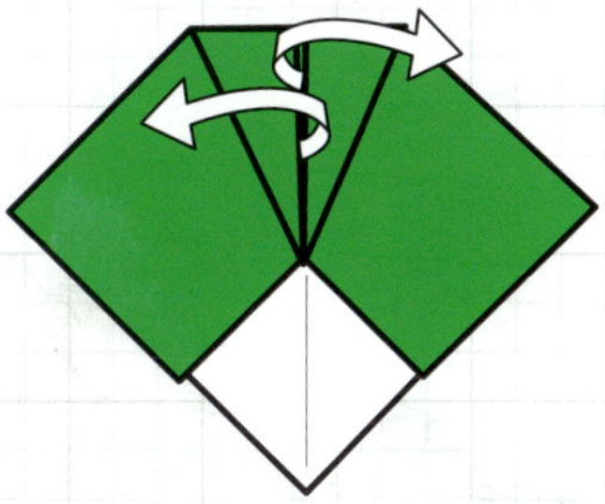

8 Öffne die beiden Klappen, die du in Schritt 6 gefaltet hast.

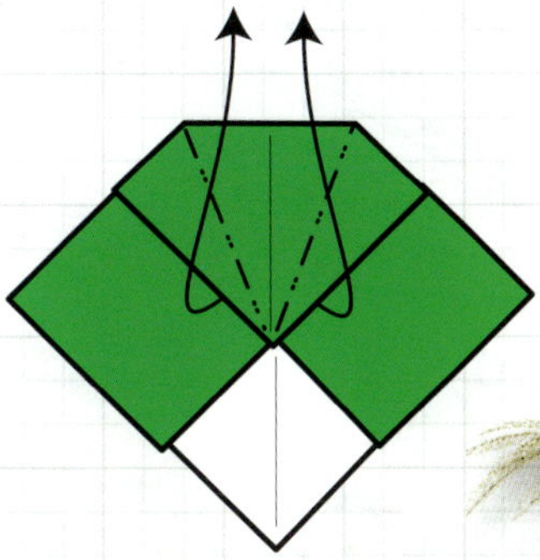

9 Hebe die obere Lage unten am Stern an und führe sie langsam nach oben. Lege das Papier vorsichtig in Rautenform flach.

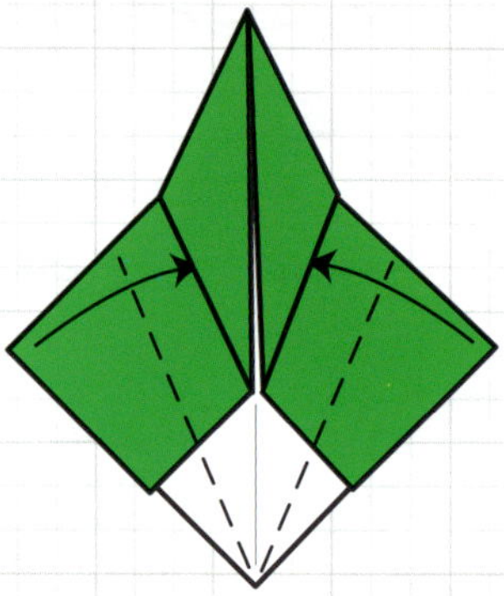

10 Falte die unteren Kanten zur senkrechten Mitte und stecke sie unter die Raute.

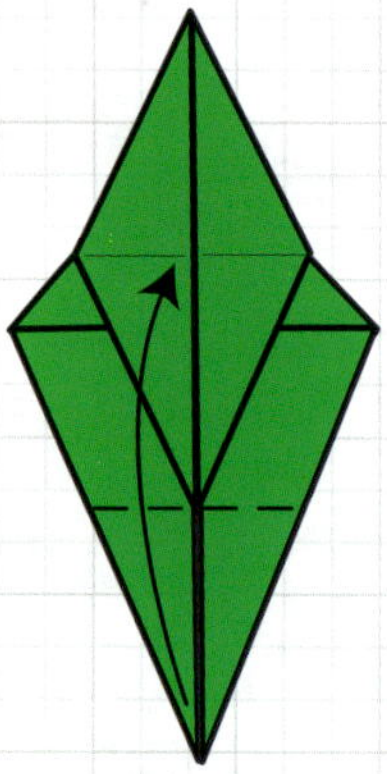

11 Falte die untere Spitze zur Mitte der Raute.

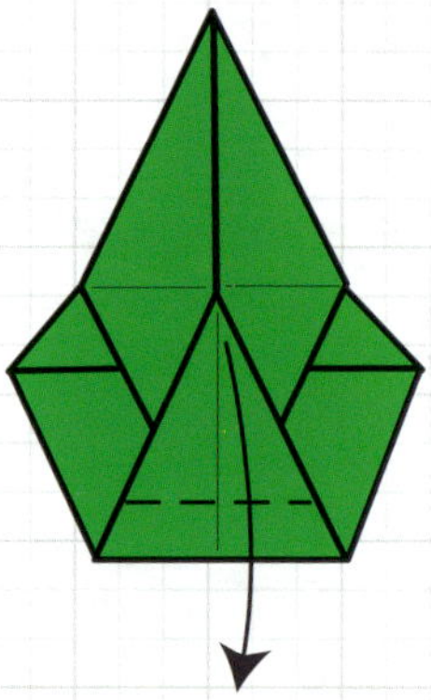

12 Falte die Spitze mit einem kleinen Abstand wieder nach unten.

WISSEN

Trotz ihrer enormen Größe konnten Styracosaurier vermutlich über 30 km/h schnell rennen.

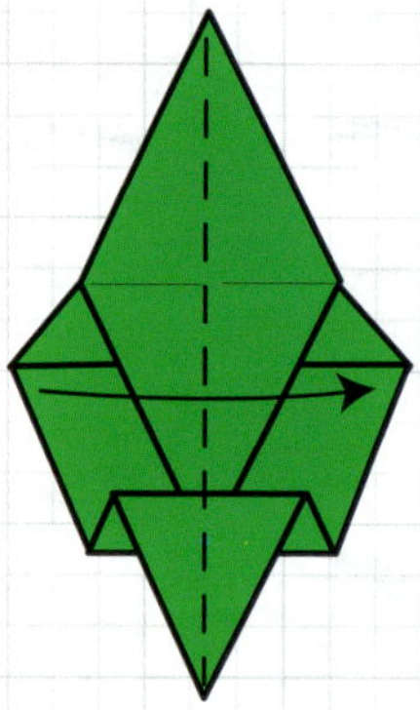

13 Klappe das Modell mit einer Talfalte mittig zusammen.

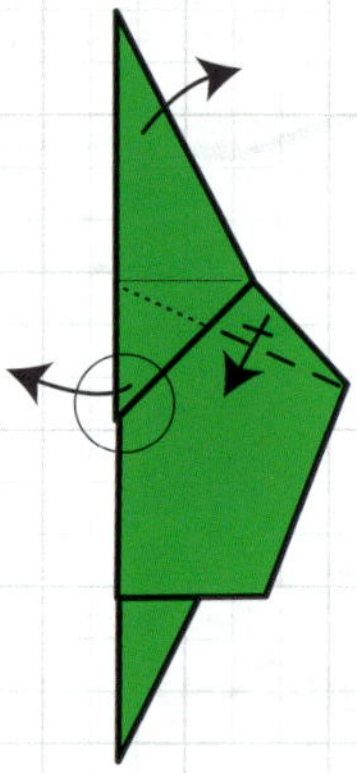

14 Halte den Körper gut zusammen und ziehe die Spitze, die mit einem Kreis gekennzeichnet ist, vorsichtig vom Körper weg. Eine neue zur Ecke führende Falte entsteht. Glätte das Papier, sodass die Falte bleibt.

15 Öffne den Kopf vorsichtig von hinten. Schau so auf das Modell, wie es das Auge in der Abbildung zeigt.

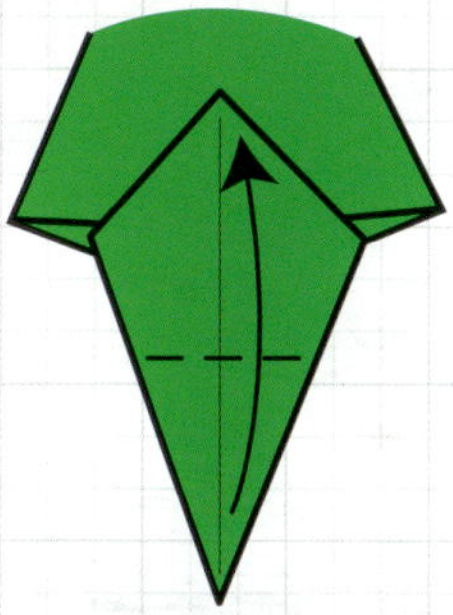

16 Falte die untere Spitze der Drachenform zur oberen Ecke.

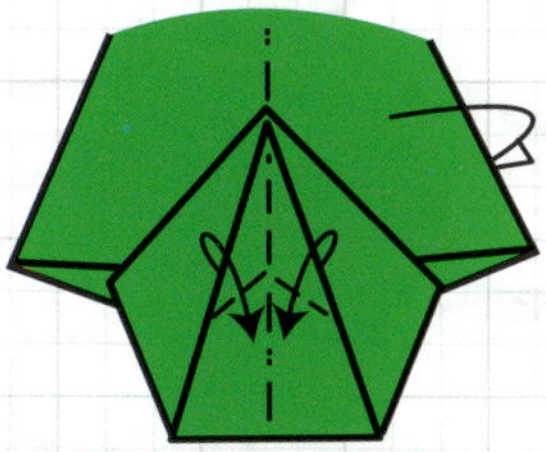

17 Knicke zwei Talfalten wie skizziert und drücke die obere Spitze des Horns zusammen, während du den Körper mit einer Talfalte wieder zusammenklappst.

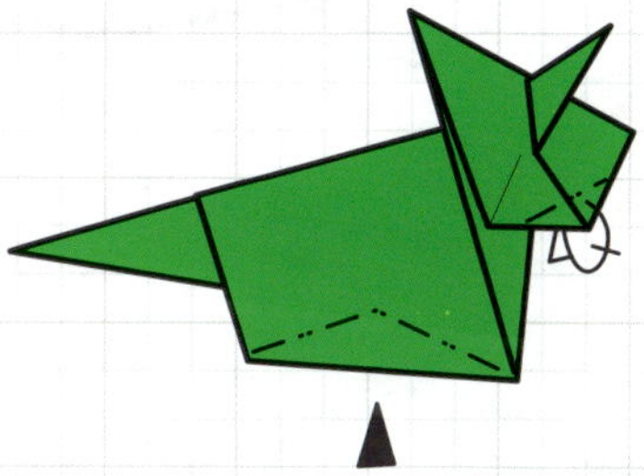

18 Verkleinere die Kinnpartie mit kleinen Bergfalten und gib deinem Dinosaurier mit angedeuteten Bergfalten im Beinbereich Standfestigkeit.

WISSEN

Da Forscher viele Styracosaurus-Skelette zusammen gefunden haben, vermuten sie, dass die Tiere in großen Gruppen lebten.

So sollte dein fertiger Styracosaurus aussehen.

Spinosaurus

Dieser riesige Dinosaurier war mit einer Länge von bis zu 20 m und einem Gewicht von 6 Tonnen einer der größten Fleischfresser der Erde. Das Auffälligste an ihm war ein großes Hautsegel auf dem Rücken, das – wie beim Dimetrodon – half, seine Temperatur zu regulieren. Spinosaurier ernährten sich wahrscheinlich von Reptilien wie Schildkröten.

Angelausrüstung
Die sehr langen Krallen an den Vorderfüßen waren ideal zum Fischfang geeignet.

MITTEL

Falte einen Spinosaurus

Übe den Gegenknick, bevor du anfängst.

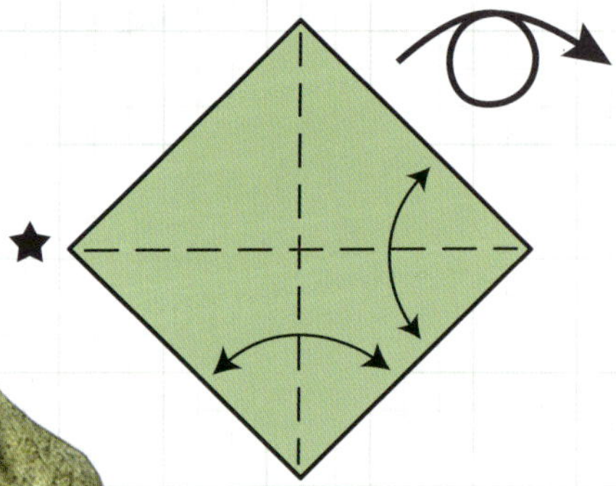

1 Die gemusterte Seite liegt oben. Falte beide Diagonalen und entfalte sie wieder.

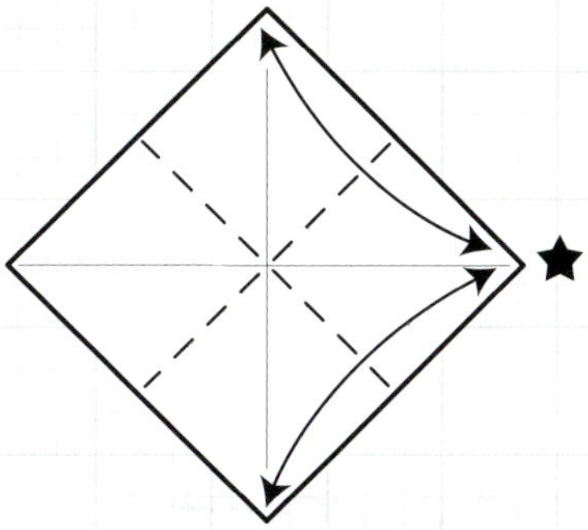

2 Drehe das Papier um. Falte die gegenüberliegenden Kanten zusammen wie gezeigt und öffne die Knicke.

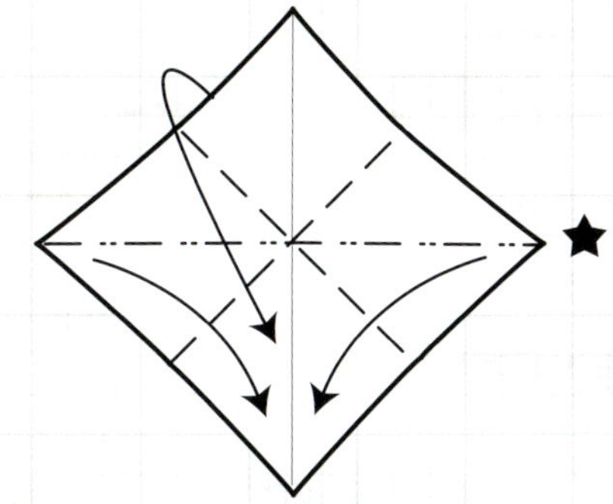

3 Ziehe die beiden äußeren Ecken – unter Benutzung der bisherigen Knicke – zur unteren Ecke und streiche das oben liegende Quadrat glatt.

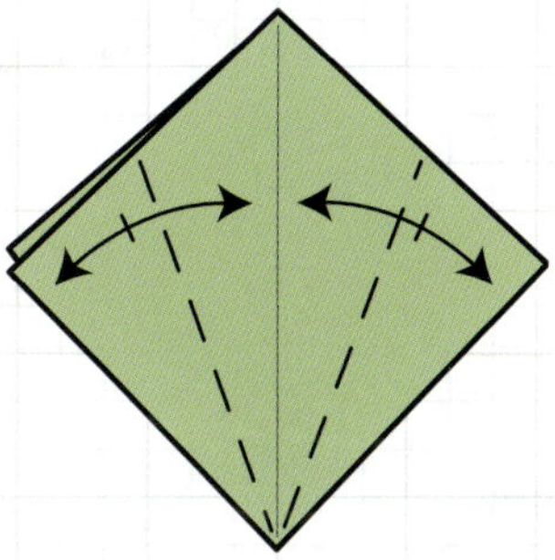

4 Falte die unteren Kanten zur senkrechten Mitte und entfalte die Knicke. Wiederhole das auf der anderen Seite.

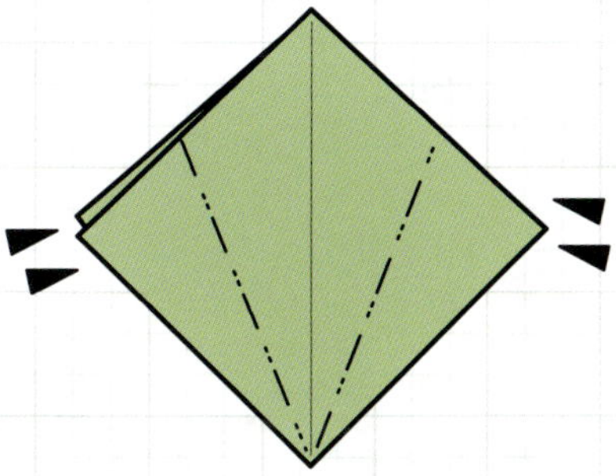

5 Falte alle vier äußeren Ecken mit einem Gegenknick nach innen, sodass eine Drachenform entsteht.

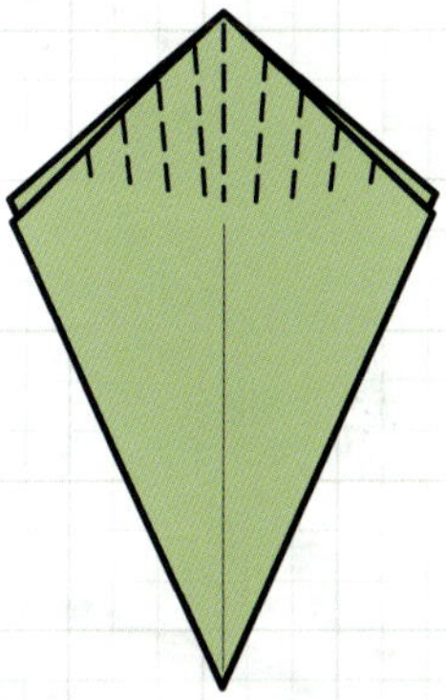

6 Mache kleine Falten, um das Rückgrat anzudeuten.

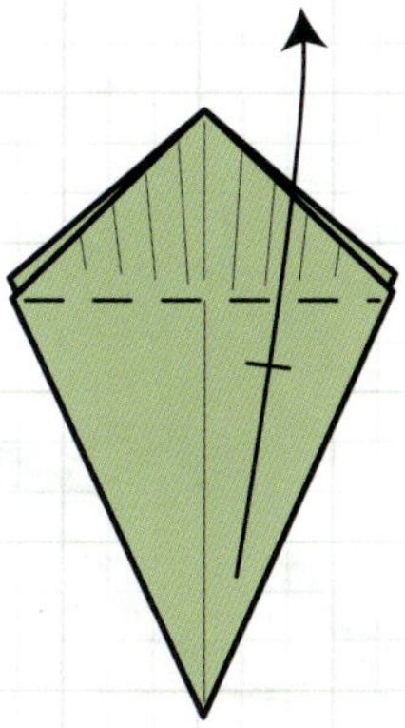

7 Falte die untere Spitze nach oben und wiederhole das auf der Rückseite.

WISSEN

Das enorme Hautsegel auf dem Rücken von Spinosaurus war bis zu 2 m hoch.

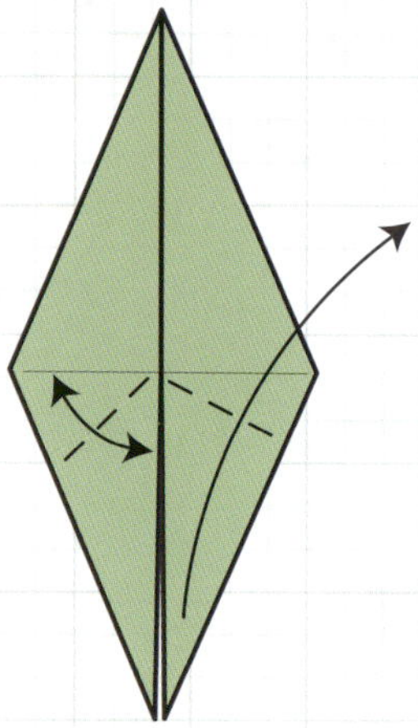

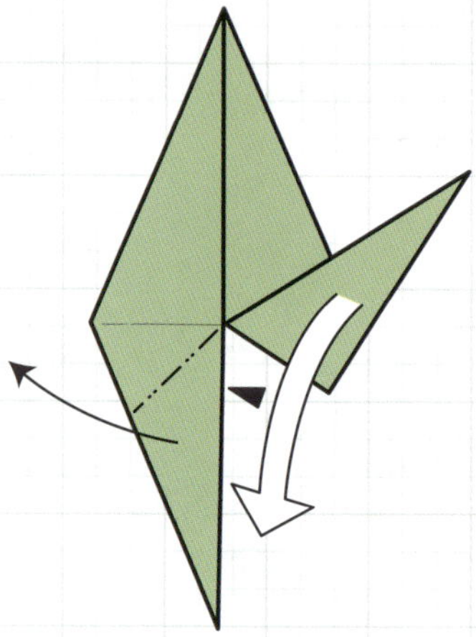

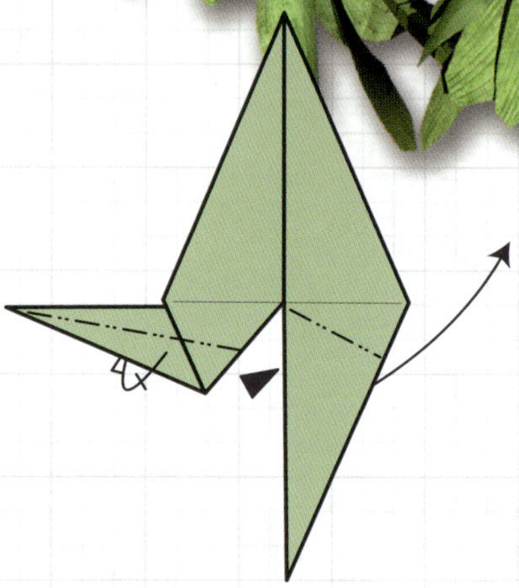

8 Knicke die untere linke Spitze so nach links weg, dass die Oberkante waagerecht verläuft. Entfalte den Knick. Knicke die rechte untere Spitze in einem flacheren Winkel nach oben rechts.

9 Forme die untere linke Spitze mit einem Gegenknick nach innen zum Schwanz. Klappe die rechte Spitze wieder nach unten.

10 Benutze die Knicke aus Schritt 8 und 9, um die rechte untere Spitze mit einem Gegenknick nach innen zu bringen. Gestalte die Schwanzregion mit beidseitigen Bergfalten schmaler.

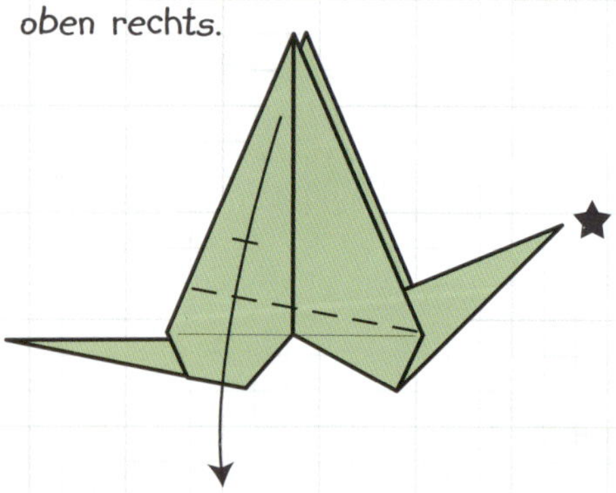

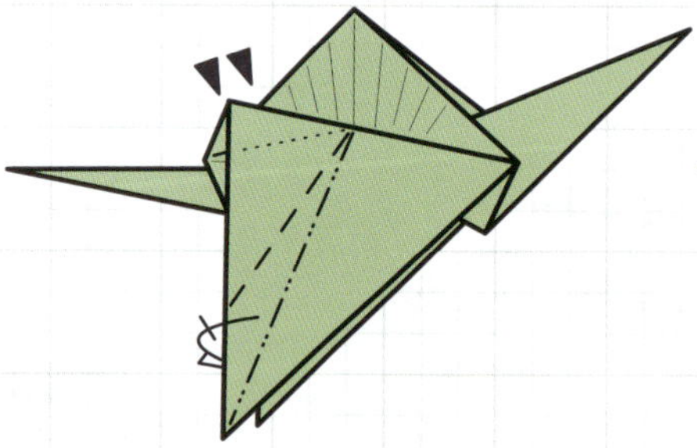

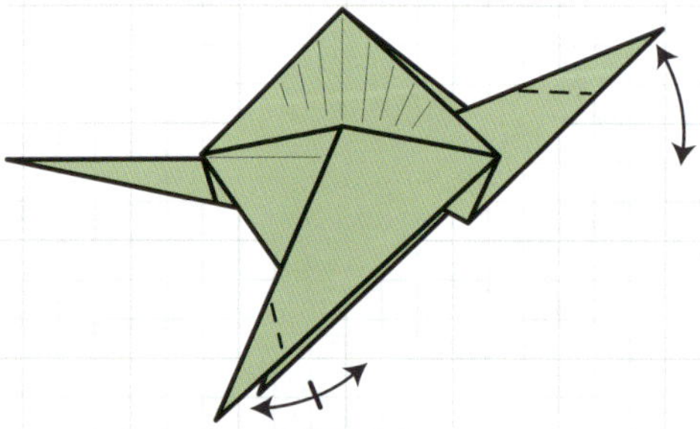

11 Falte die oberen Klappen einzeln im skizzierten Winkel nach unten.

12 Schau dir die Skizze genau an. Dieser Schritt soll Papier hinter das Bein bringen. Während des Faltens bildet sich ein neuer Knick, wo die gepunktete Linie ist. Wiederhole den Schritt am anderen Bein.

13 Falte Kopf und Beine wie gezeigt und entfalte sie wieder.

WISSEN

Manche Forscher vermuten, dass männliche Spinosaurier ihr Rückensegel dazu nutzten, andere Männchen zu bedrohen und Weibchen anzulocken.

WISSEN

Anders als die anderen Fleischfresser ihrer Epoche hatten die Spinosaurier gerade statt gebogene Zähne.

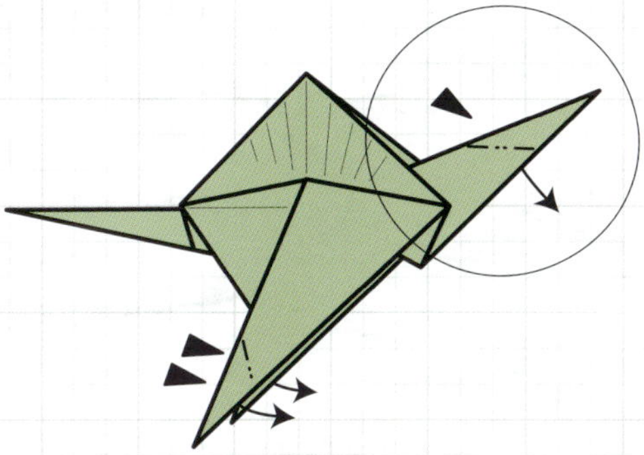

14 Falte beide Füße und den Kopf mit Gegenknicken nach innen.

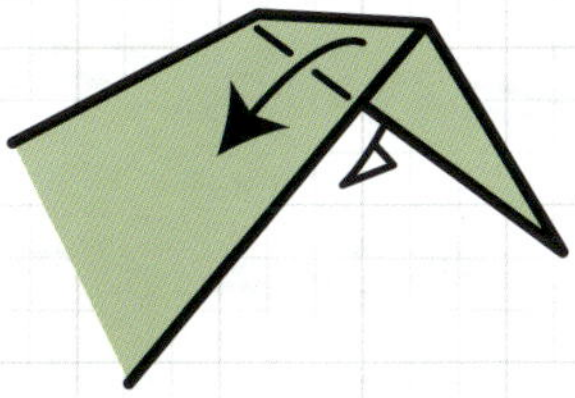

15 Klappe die Kopfseiten nach unten.

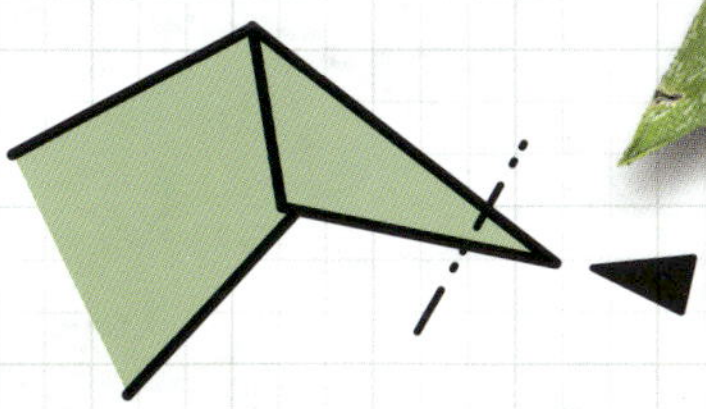

16 Falte die Schnauzenspitze mit einem Gegenknick nach innen.

So sollte dein fertiger Spinosaurus aussehen.

WISSEN

Die Vorderbeine der Spinosaurier waren länger als üblich. Ein Hinweis, dass sie nicht nur auf zwei, sondern auch auf vier Beinen gegangen sind.

Dinosaurier-Junges

Wie alle Reptilien legten Dinosaurier Eier. Einige vergruben die Eier einfach und überließen die Brut sich selbst. Andere legten Nester an und bewachten die geschlüpften Jungtiere. Es wurden Überreste einer Dinosaurierart – große Gruppen Jungtiere und Erwachsene zusammen – gefunden, die darauf hinweisen, dass die Tiere sich intensiv um ihren Nachwuchs kümmerten. Maiasaura heißt diese Art, und das bedeutet »gute Mutter«.

Weg nach draußen

Dinosaurier-Junge benutzten einen speziellen Eizahn, um aus dem Ei zu schlüpfen.

SCHWER

Falte ein Dinosaurier-Junges

Hier schlüpft ein Dinosaurier aus dem Ei.

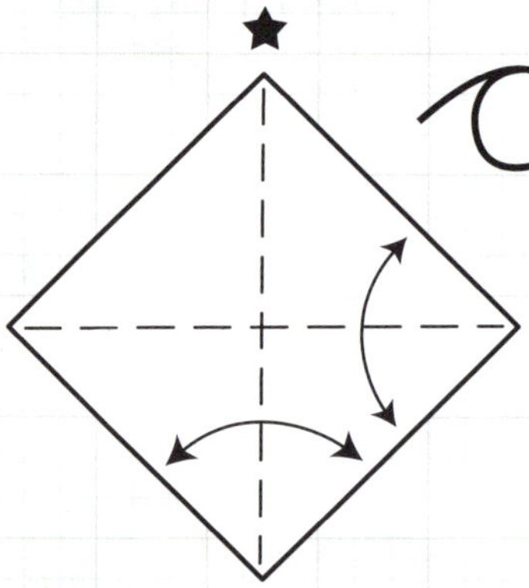

1 Die weiße Seite liegt oben. Falte beide diagonalen Mittellinien und entfalte sie wieder.

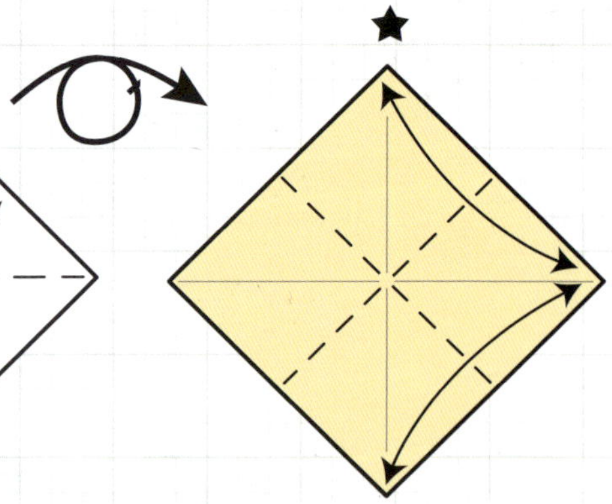

2 Drehe das Papier um. Falte die Kanten zueinander und entfalte die Knicke wieder.

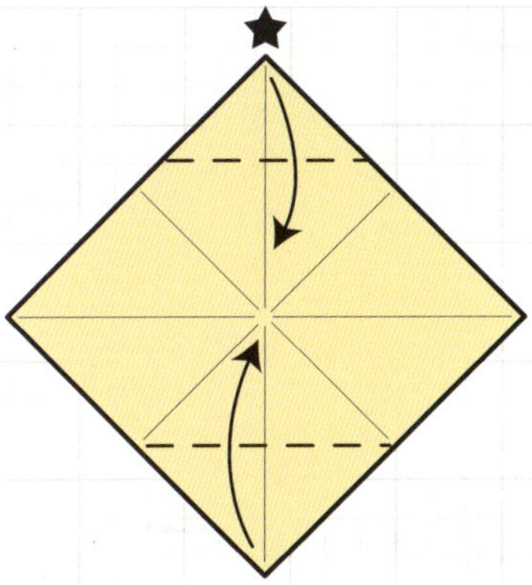

3 Falte die untere Ecke zur Mitte hoch. Falte die obere Ecke zu einem Punkt etwas oberhalb der Mitte runter.

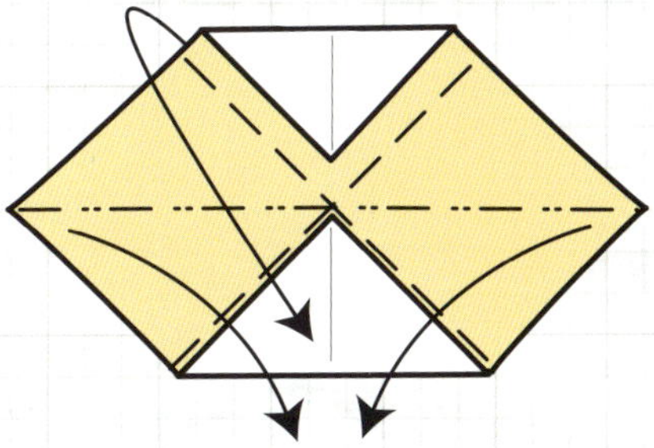

4 Falte mithilfe der Knicke aus Schritt 1 und 2 die obere Kante nach unten und die rechte und linke Spitze (Gegenknick) nach innen unten.

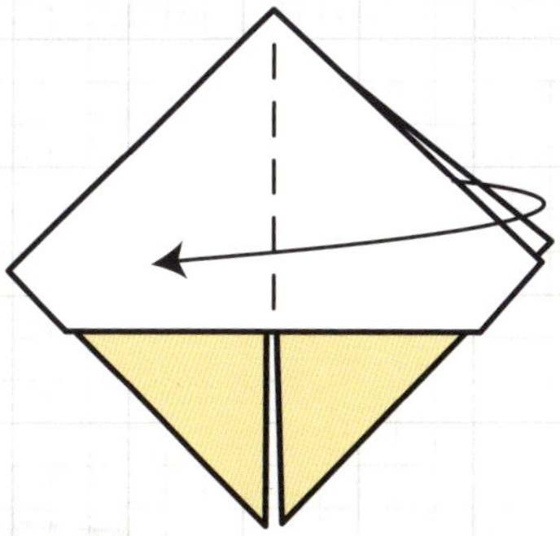

5 So sollte dein Modell jetzt aussehen. Klappe die obere rechte Lage über die Mitte nach links.

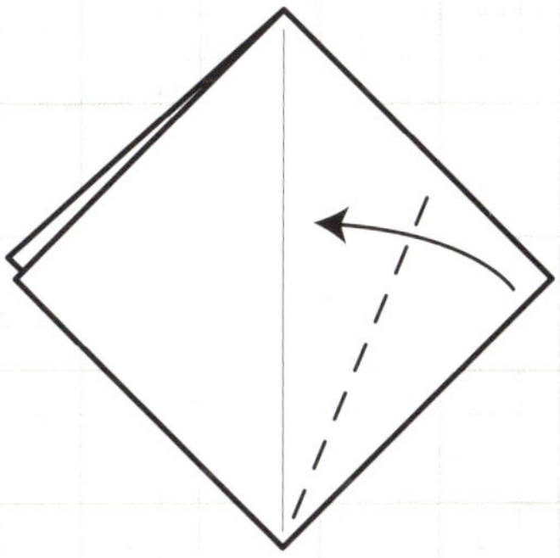

6 Falte die untere rechte Kante zur senkrechten Mitte.

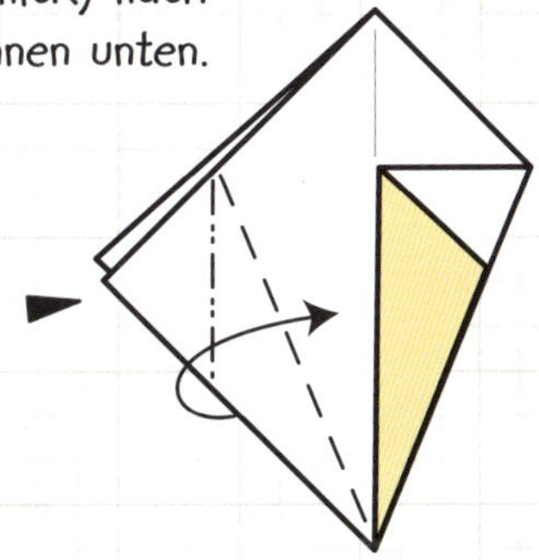

7 Falte die untere linke Kante zur Mitte, öffne und glätte dabei aber die linke Spitze (siehe Abbildung von Schritt 8).

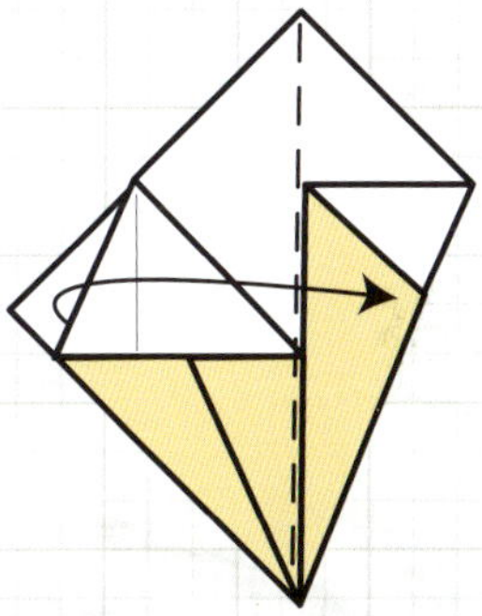

8 Klappe nun die obere linke Lage über die Mitte nach rechts.

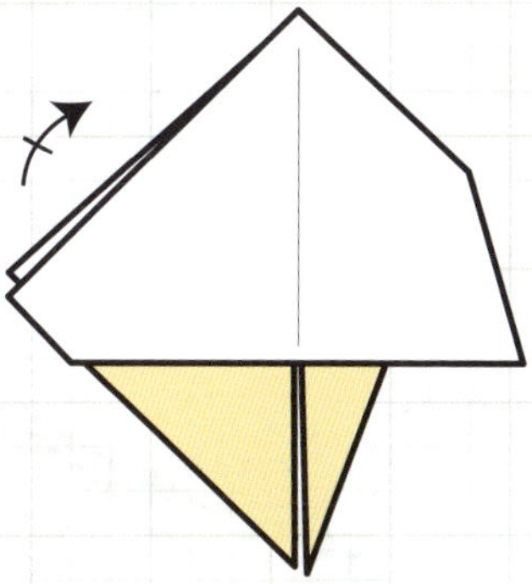

9 Das ist das Ergebnis. Wiederhole Schritt 5 bis 8 für die linke Seite.

WISSEN

Es wurden Dinosaurier-Gelege mit über 20 Eiern gefunden.

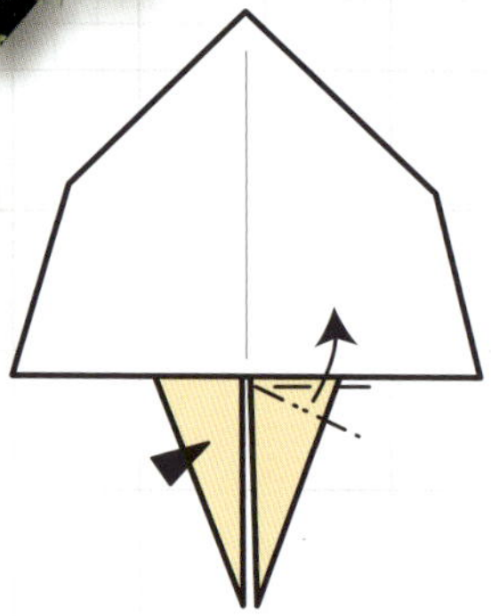

10 Mache eine kleine Knitterfaltung an der rechten Klappe, öffne sie und lege den Kopf flach.

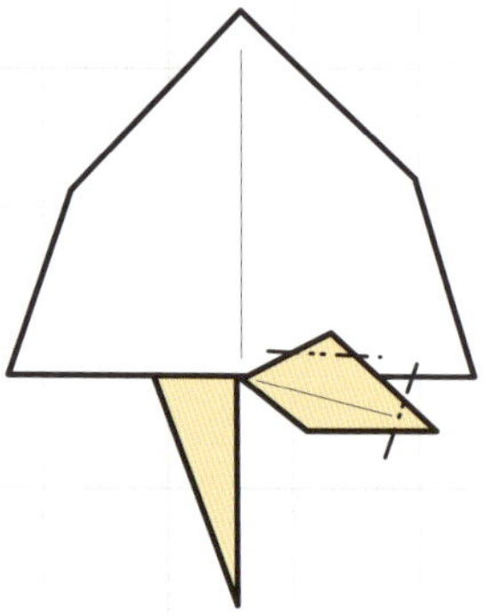

11 Forme den Kopf mit den zwei eingezeichneten Bergfalten.

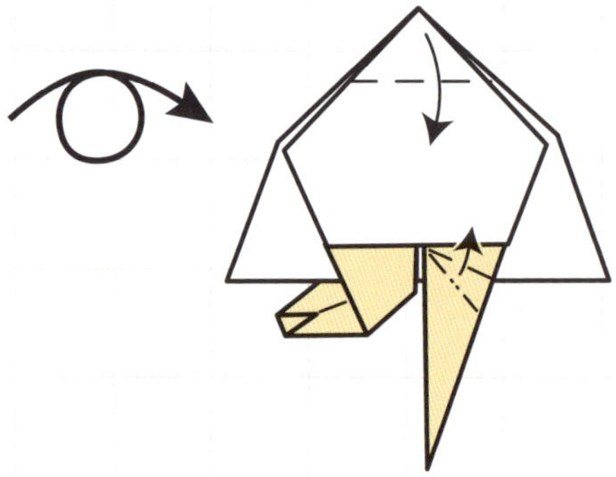

12 Drehe das Modell um und falte die obere Ecke nach unten. Knicke den Schwanz mit den skizzierten Berg- und Talfalten.

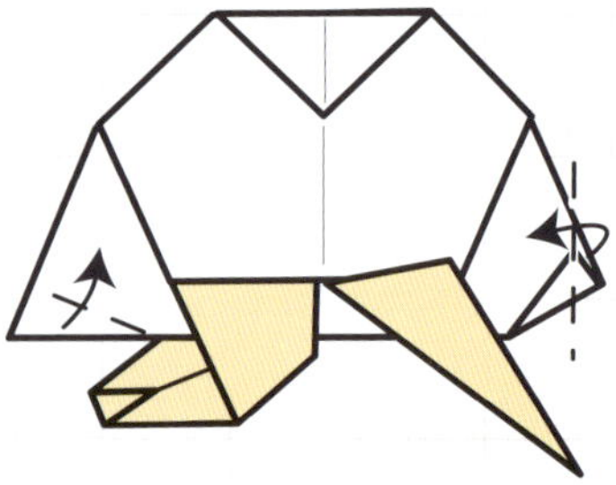

13 Forme mit zwei Talfalten die Seiten des Eis. Sie können ruhig verschieden sein. Drehe dein fertiges Modell um.

So sollte dein fertiges Dinosaurier-Junges aussehen.

WISSEN

Die Kleinsten jemals gefundenen Dinosaurier-Eier sind die nur 2,5 cm großen Eier des Mussaurus.

Velociraptor

Der Velociraptor war eines der furchteinflößendsten prähistorischen Raubtiere. Die intelligenten Saurier mit den rasiermesserscharfen Zähnen jagten effizient in gut organisierten Gruppen. Ihre tödlichste Waffe aber war die scharfe Kralle an den hinteren Füßen. Mit ihr rissen sie gezielt die Schlagadern und Luftröhren ihrer Beutetiere auf.

WISSEN

Damit die scharfe Kralle die Velociraptoren beim Laufen nicht störte, konnte sie weggeklappt werden.

Gut ausbalanciert

Die Velociraptoren balancierten sich mit dem Schwanz beim Rennen aus.

Falte einen Velociraptor

SCHWER

Übe noch einmal die Gegenknicke.

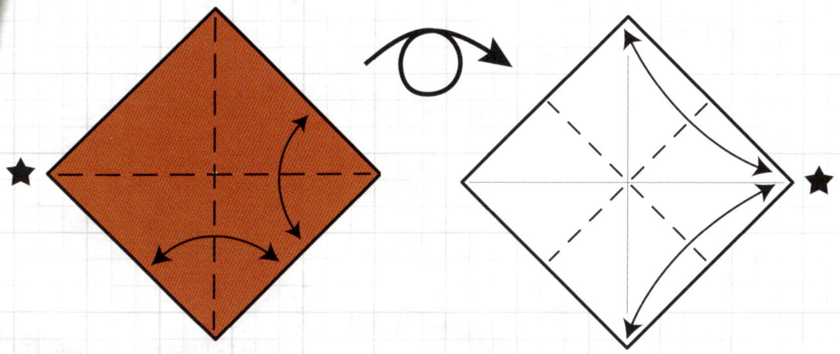

1 Die gemusterte Seite liegt oben. Falte beide Diagonalen (Spitze auf Spitze) und öffne das Blatt jeweils.

2 Drehe das Blatt um und falte es mittig. Öffne es und falte auch die zweite Mittellinie vor.

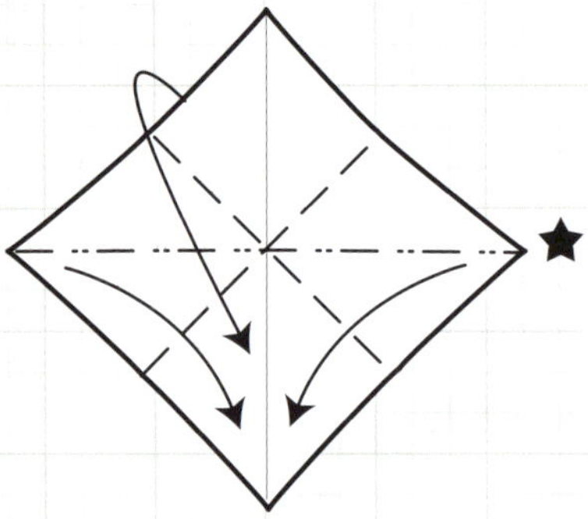

3 Führe die beiden äußeren Spitzen gleichzeitig zur unteren Spitze, indem du die bereits vorhandenen Knicke benutzt. Drücke das darüberliegende Quadrat platt.

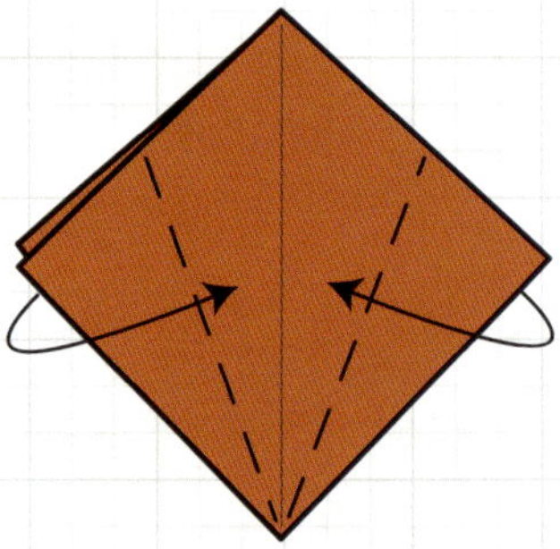

4 Die geschlossene Spitze muss oben liegen. Falte die beiden äußeren Kanten der oberen Lage zur Mitte hin.

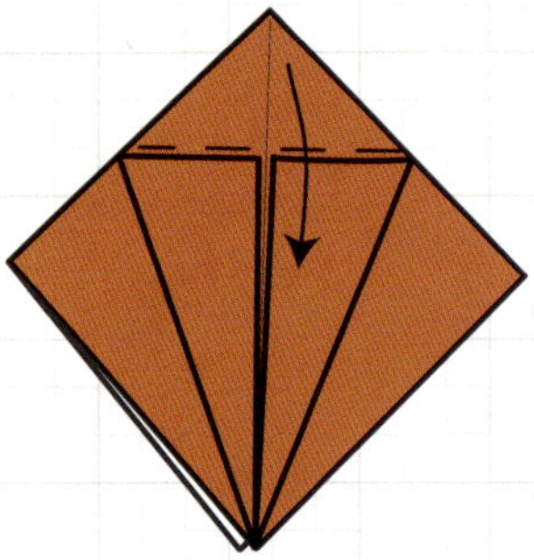

5 Falte das obere Dreieck nach vorne unten.

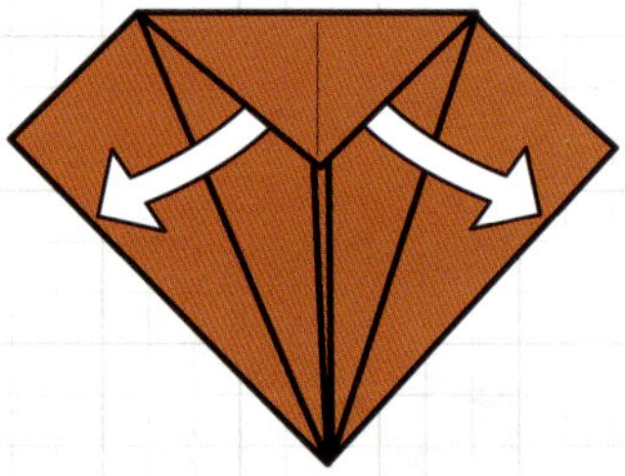

6 Öffne die Papierlagen unter dem Dreieck auf beiden Seiten.

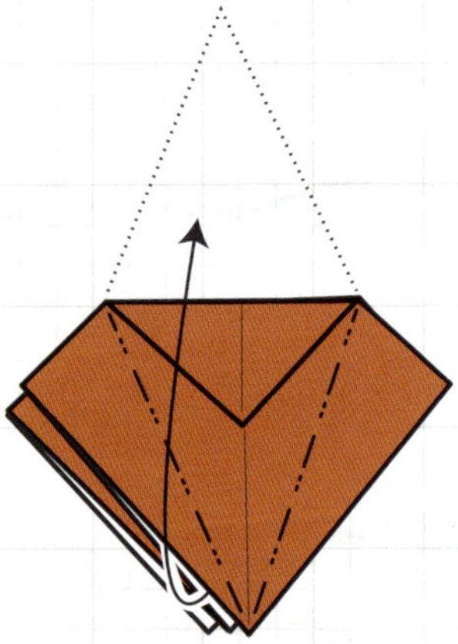

7 Ziehe die obere Lage an der unteren Spitze nach oben.

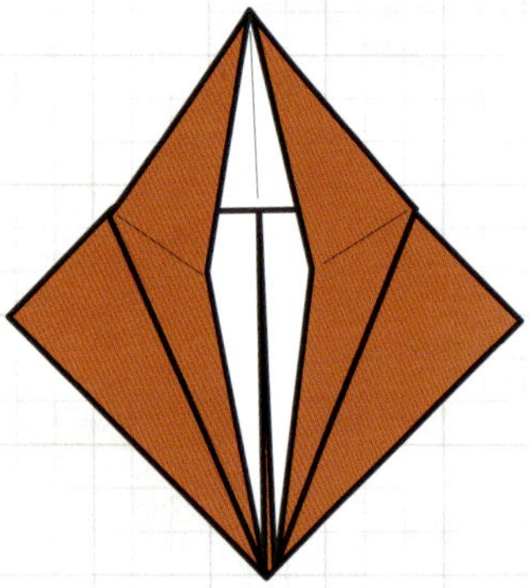

8 Drücke während des Entfaltens die äußeren Ecken zur Mitte hin und glätte alles. Der oben liegende Teil ist jetzt wie eine Raute geformt.

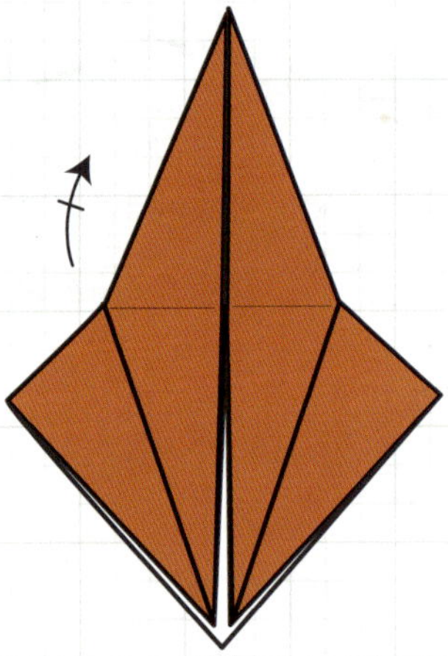

9 Drehe das Model um und wiederhole die Schritte 4 bis 8 auf der anderen Seite. Drehe es wieder auf die Vorderseite (Stern unten rechts).

WISSEN

Jüngste Funde lassen vermuten, dass Velociraptoren an Armen und Körper mit Federn bedeckt waren.

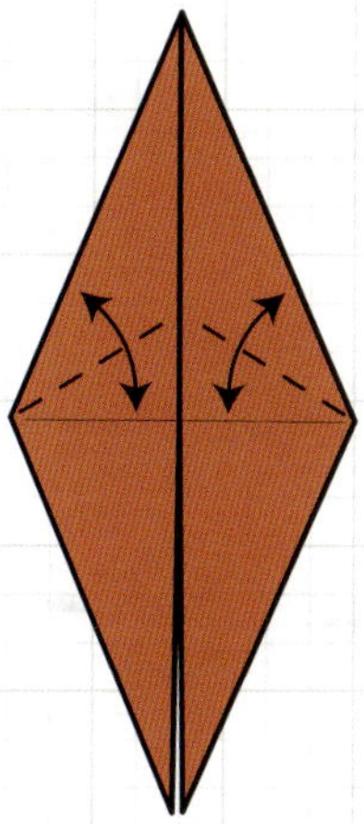

10 Falte beide oberen Kanten nach unten zum waagerechten Knick, streiche den Knick jedoch jeweils nur bis zur Mitte glatt.

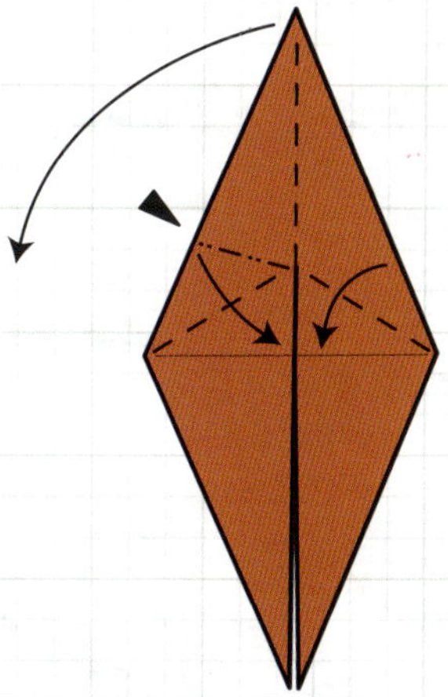

11 Drücke die linke Kante mithilfe der Knicke aus Schritt 10 zur Mitte und klappe den Beinbereich nach links wie skizziert. Er wird dabei in der Mitte gefaltet.

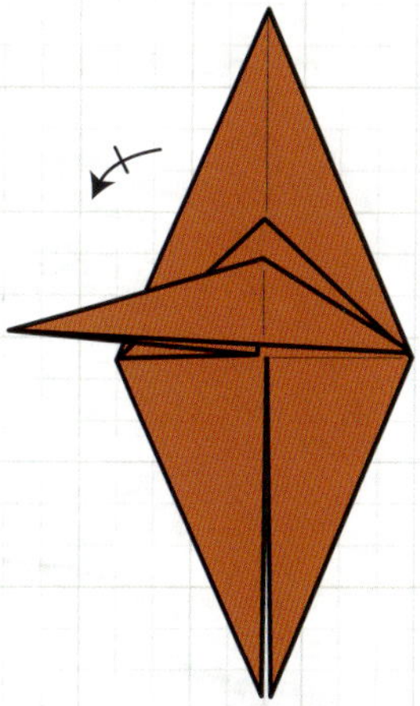

12 Wiederhole Schritt 10 und 11 auf der Gegenseite, falte das Bein aber nach rechts, sodass beide Beine übereinanderliegen. Drehe das Modell.

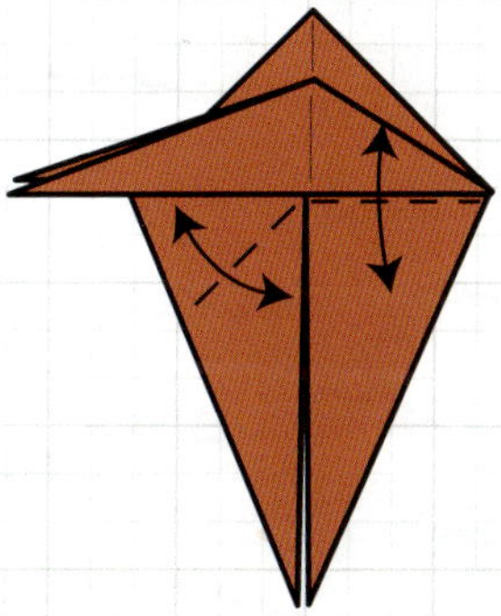

13 Falte die rechte untere Klappe nach oben wie skizziert und öffne den Knick wieder. Falte die linke untere Klappe im skizzierten Winkel hoch und entfalte sie.

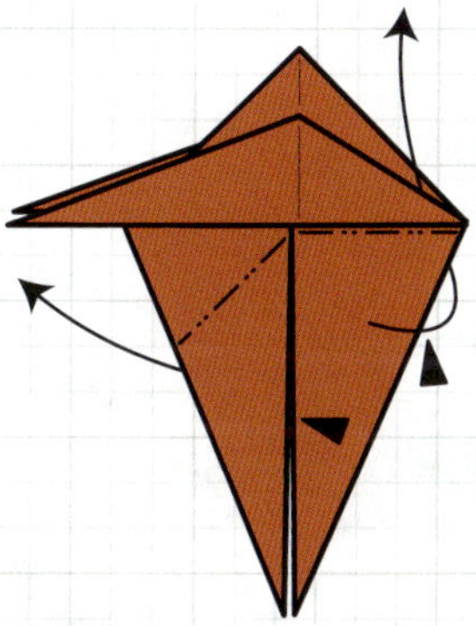

14 Nutze die Falten aus Schritt 13 für Gegenknicke in beiden Klappen.

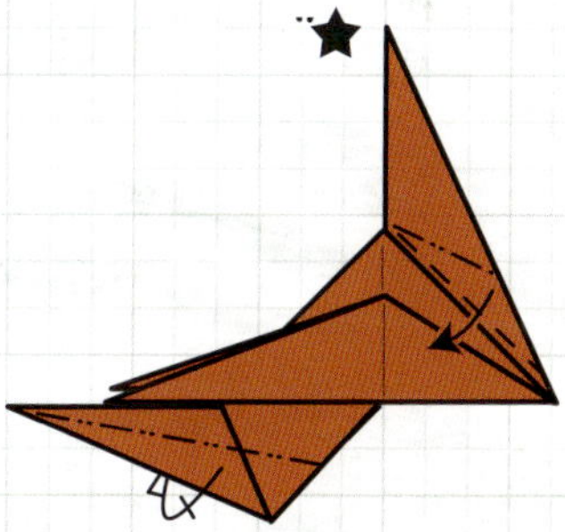

15 Forme die linke Klappe mit beidseitigen Bergfalten schmaler. Neige den Hals mit einer Berg- und Talfalte.

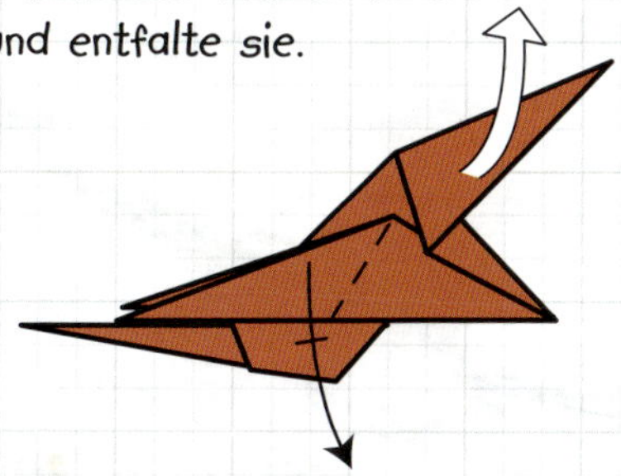

16 Falte die Beinklappen auf beiden Seiten nach unten und entfalte den Hals.

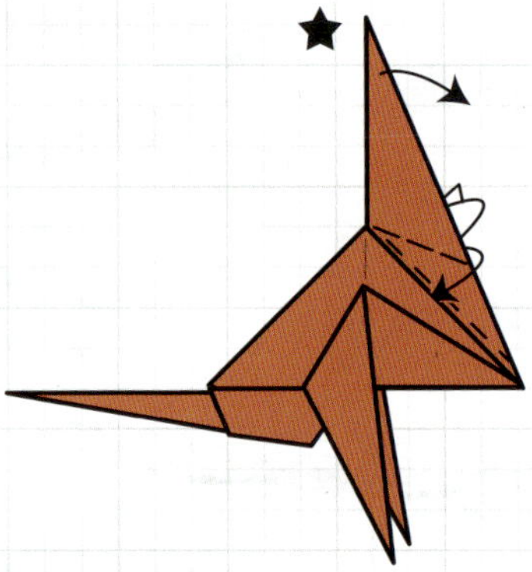

17 Mache mit den Falten aus Schritt 15 eine Knitterfaltung in den Hals.

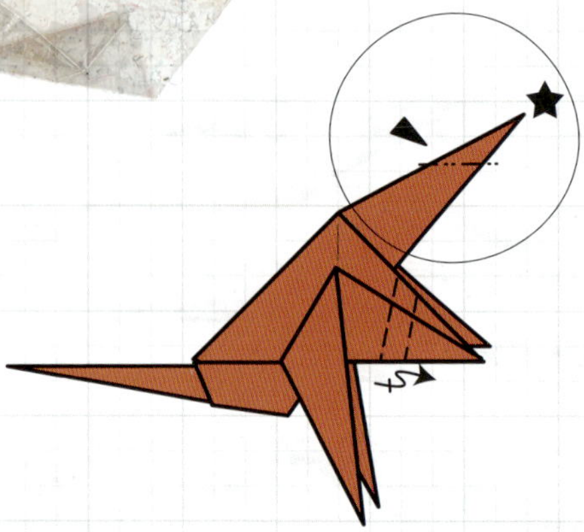

18 Forme die Arme durch Fälteln. Mache einen Gegenknick in die Kopfspitze.

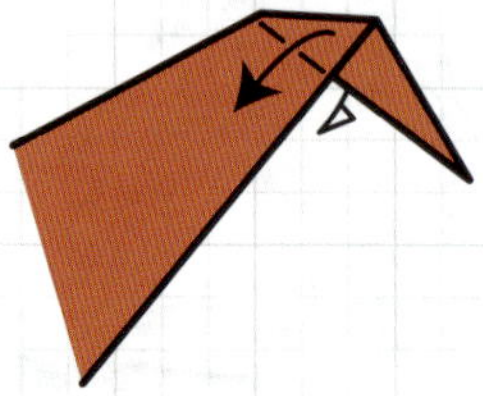

19 Falte auf beiden Seiten die Klappen am Kopf nach unten.

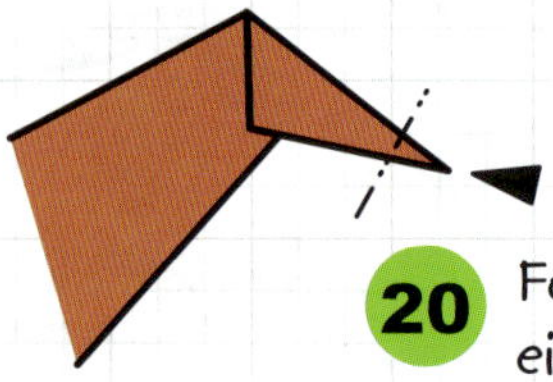

20 Forme die Schnauze durch einen Gegenknick nach innen.

So sollte dein fertiger Velociraptor aussehen.

WISSEN

Die scharfe Klaue der Velociraptoren war zwischen 10 und 12 cm lang.

Diplodocus

Als einer der größten Landdinosaurier, die jemals gelebt haben, konnte der Diplodocus von der Spitze seines langen Schwanzes bis zum Kopfende des lang gestreckten Halses etwa 30 m lang werden. Er fraß Blätter und Zapfen von den höchsten Bäumen und richtete sich dafür auf seine Hinterbeine auf, wobei er seinen Schwanz als zusätzliches Bein zum Stabilisieren einsetzte.

Peitschenknallen

Zur Verteidigung konnte er seinen Schwanz wie eine Peitsche vorschnellen lassen.

WISSEN

Diplodocus lebte in der späten Jurazeit, vor ungefähr 150 Millionen Jahren.

SCHWER

Falte einen Diplodocus

Übe noch einmal den Gegenknick nach innen.

1 Die weiße Seite liegt oben. Falte die Diagonale und entfalte sie wieder. Falte die beiden unteren Kanten zur Mittellinie.

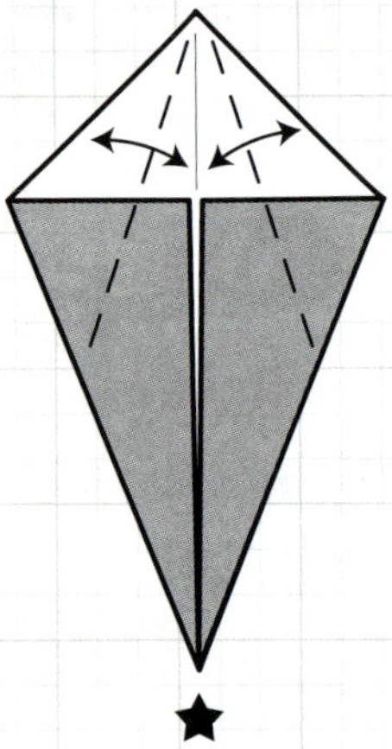

2 Falte die oberen Kanten zur Mittellinie und entfalte sie wieder.

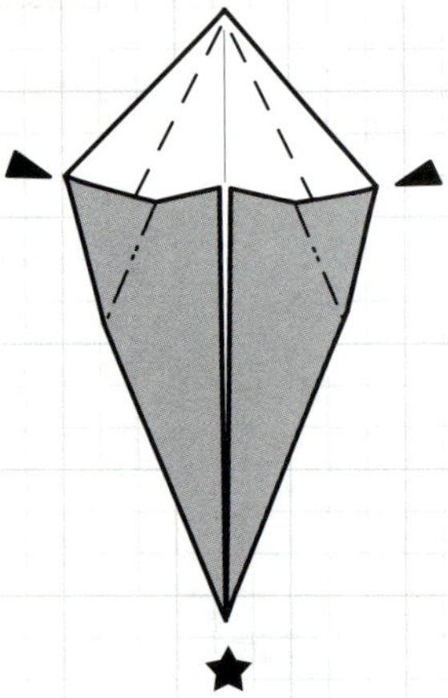

3 Mit einem Gegenknick über die Falten aus Schritt 2 faltest du die Klappen nach innen.

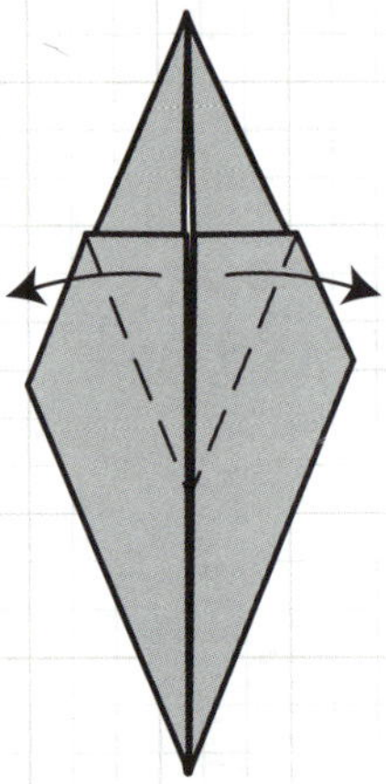

4 Falte die oberen Lagen wie gezeigt nach außen.

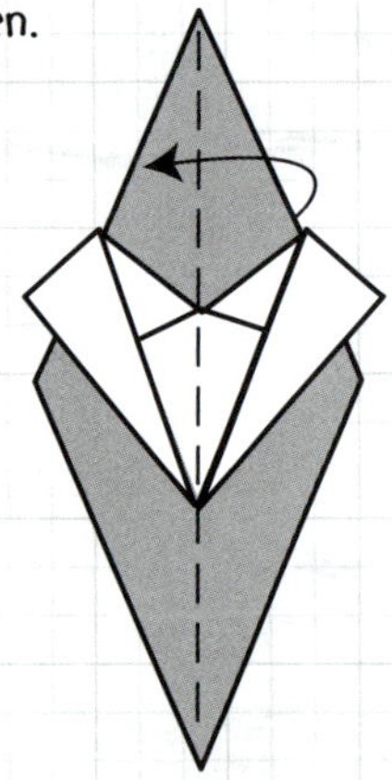

5 Klappe das ganze Modell mit einer Talfalte von rechts nach links in der Mitte zusammen.

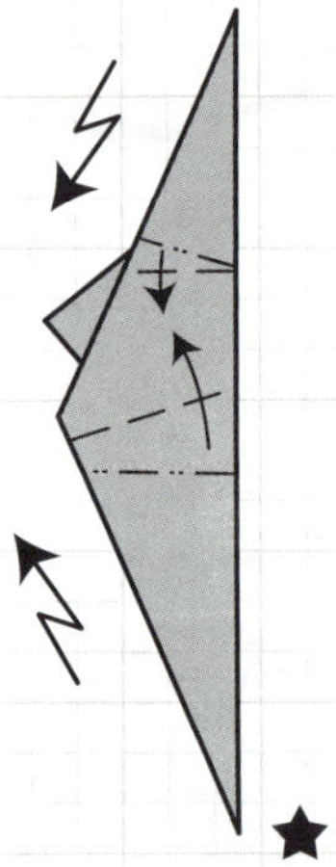

6 Mache zwei Falten an der skizzierten Stelle und glätte sie gründlich.

WISSEN

Beim Laufen hielt der Diplodocus seinen aus 73 Wirbeln bestehenden langen Schwanz waagerecht über dem Boden.

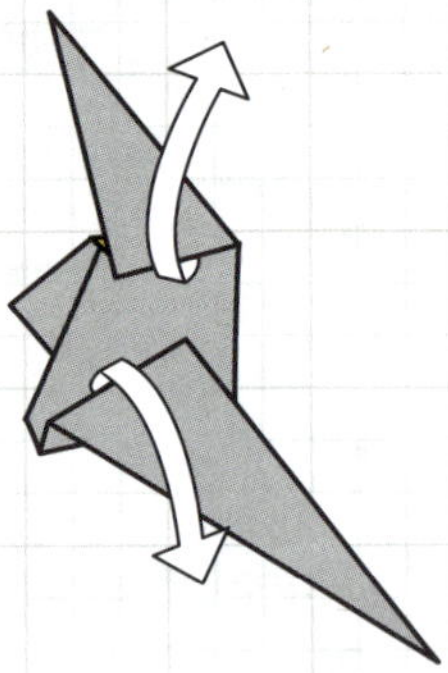

7 Öffne die Falten aus Schritt 7 wieder.

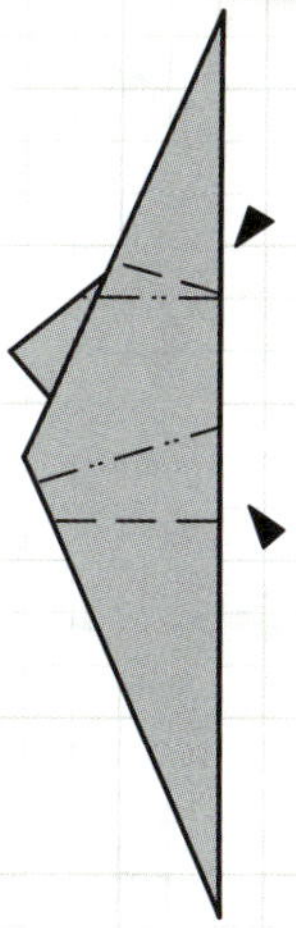

8 Forme mit einem Gegenknick nach innen den Hals und mit einer Knitterfaltung den Schwanz.

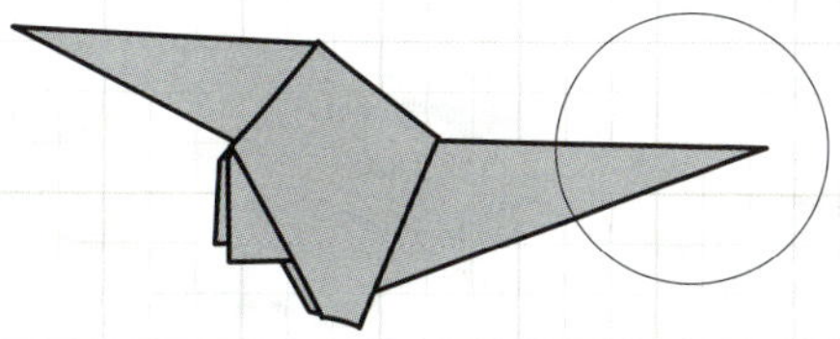

9 Wende dich nun dem Kopf zu.

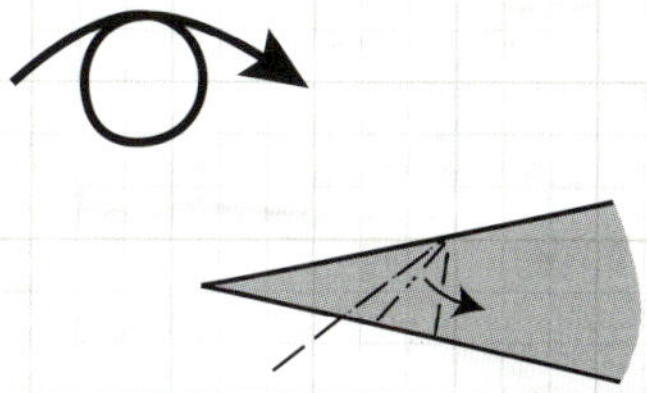

10 Drehe das Modell um. Mache eine Knitterfaltung in die Kopfspitze. Lege dabei das untere Papier flach, um den Kopf zu einer Seite zu wenden.

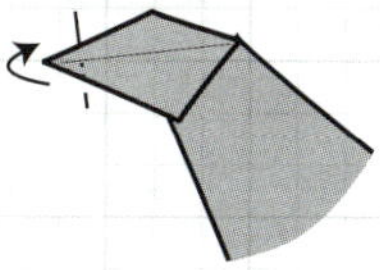

11 Mit einer Bergfalte formst du die Schnauze stumpf. Zum Schluss faltest du das hervorscheinende Papier nach innen.

WISSEN

Möglicherweise hat sich der Diplodocus verteidigt, indem er aufrecht auf den Hinterbeinen stehend seine Vorderfüße auf den Angreifer fallen ließ.

So sollte dein fertiger Diplodocus aussehen.

Flugsaurier

Flugsaurier, auch Pterosaurier genannt, waren eine Gruppe prähistorischer Reptilien, zu denen auch Pteranodon, den du schon gefaltet hast (Faltanleitung ab Seite 10), gehörte. Sie waren die ersten Wirbeltiere in der Luft. Dünne Hautlappen, die zwischen ihren Fingerknochen und Füßen gespannt waren, ermöglichten ihnen das Fliegen. Flugsaurier gab es in zahlreichen Formen und Größen.

WISSEN

Der größte bislang gefundene Flugsaurier ist der Quetzalcoatlus mit einer Spannweite bis zu 12 m.

Extrem dünnhäutig

Die Flügelhaut der Flugsaurier war vermutlich nur einen halben Millimeter dick.

KOMPLEX

Falte einen Flugsaurier

Du solltest vorher den Velociraptor gefaltet haben.

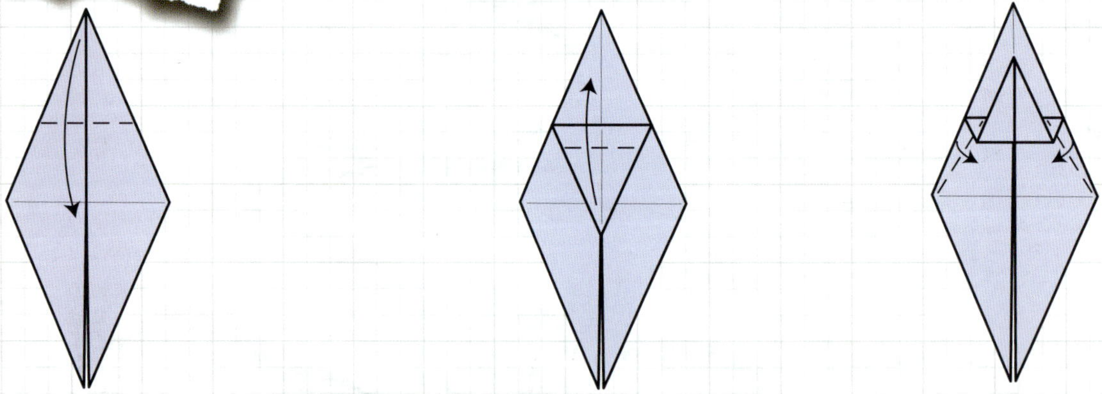

1 Folge den ersten neun Schritten des Velociraptor-Modells. Drehe es um. Falte die obere Ecke bis kurz unterhalb der Mitte runter.

2 Die Augen sollten jetzt oben sichtbar sein. Falte die obere Lage mit einem kleinen Abstand wieder nach oben.

3 Forme die Seiten der oberen Lage mit Talfalten.

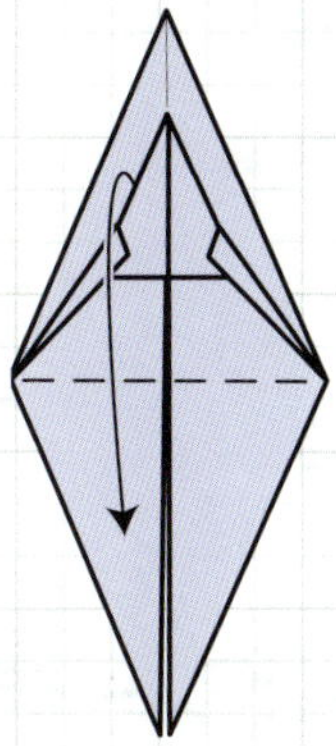

4 Klappe die kleinere obere Spitze nach unten.

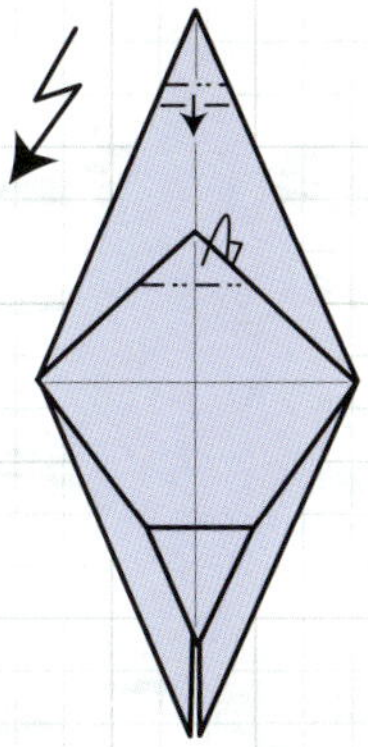

5 Falte den Schnabel des Flugsauriers und knicke die Spitze des Körpers mit einer Bergfalte nach hinten weg.

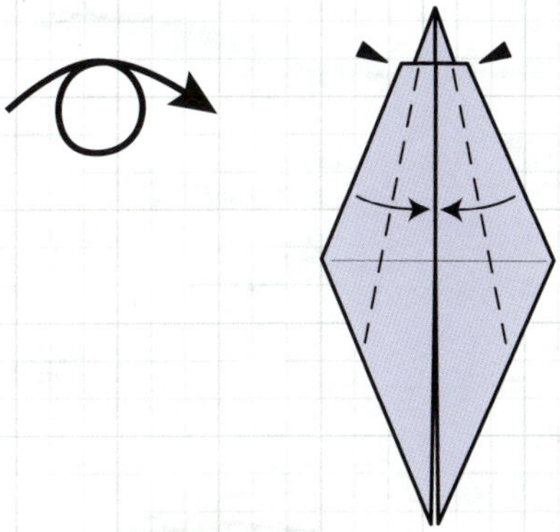

6 Drehe das Modell um. Falte die obere Lage beider Seiten zur Mitte. Drücke dabei vorsichtig die Spitze zusammen.

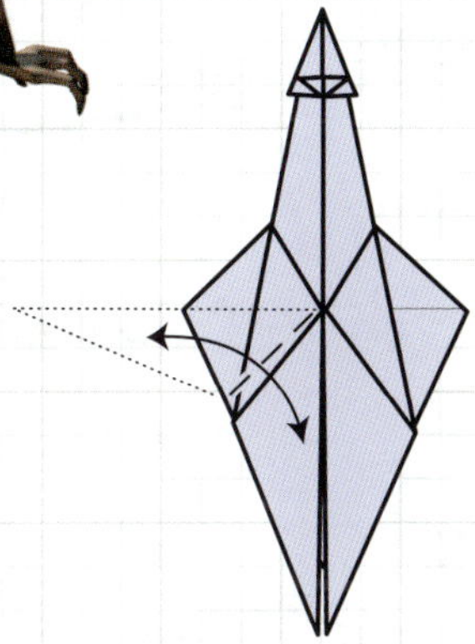

7 Falte die untere linke Klappe nach links, sodass die Kante waagerecht liegt. Entfalte den Knick.

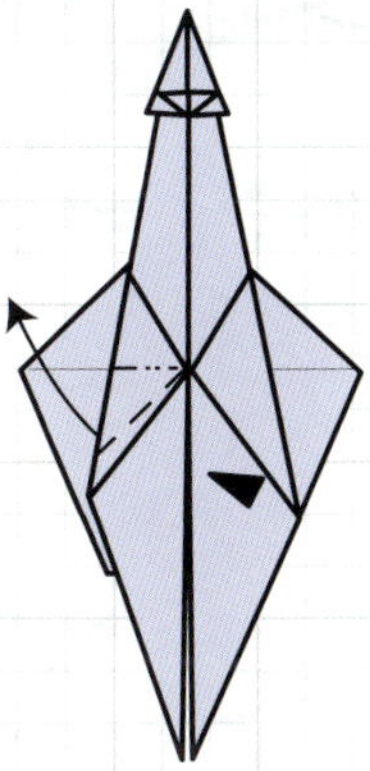

8 Drücke die linke Ecke unter Benutzung des Knicks aus Schritt 7 nach links. Glätte den Flügel während des Faltens zu einer Raute.

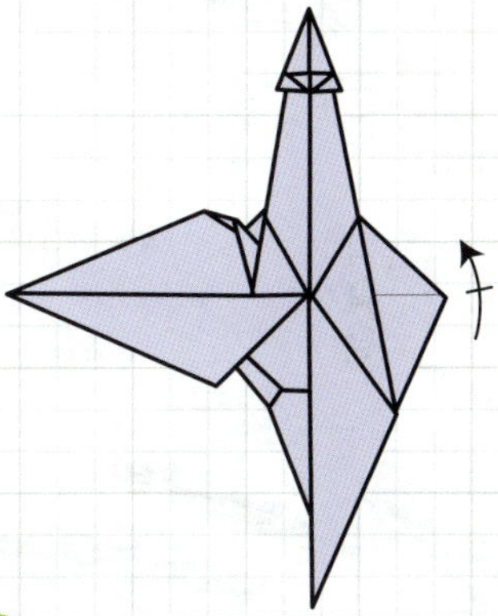

9 So sollte dein Modell jetzt aussehen. Wiederhole Schritt 7 und 8 auf der rechten Seite.

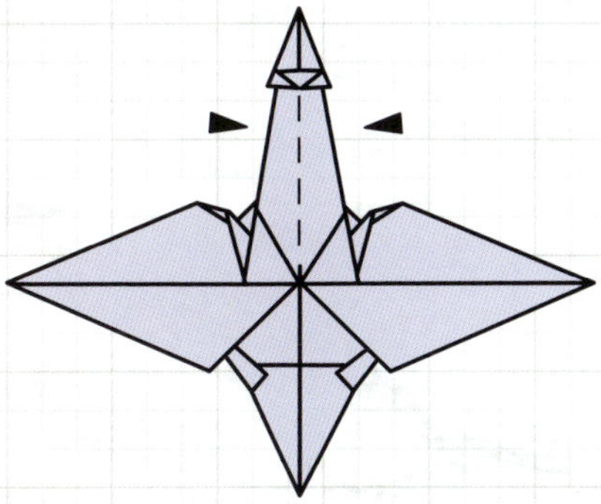

10 Drücke den Hals zusammen, um ihn dünner zu machen. Drehe dein fertiges Modell um.

So sollte dein fertiger Flugsaurier aussehen.

Plesiosaurier

Plesiosaurier gehörten zu den Paddelechsen und waren perfekt an das Leben im Ozean angepasst. Die stromlinienförmigen Körper mit den extrem langen Hälsen wurden von kräftigen Flossen durchs Wasser bewegt. Plesiosaurier bevölkerten die prähistorischen Weltmeere sehr lange Zeit: von vor 210 Millionen Jahren bis zum Aussterben der Dinosaurier vor 65 Millionen Jahren.

Geschickte Fischer

Um Beute zu fangen, ließen Plesiosaurier ihren langen Hals nach vorne schnellen.

KOMPLEX

Falte einen Plesiosaurier

Sei besonders vorsichtig beim langen Hals.

1 Die gemusterte Seite liegt oben. Falte die Diagonale und entfalte sie wieder. Falte die unteren Kanten zur Mittellinie.

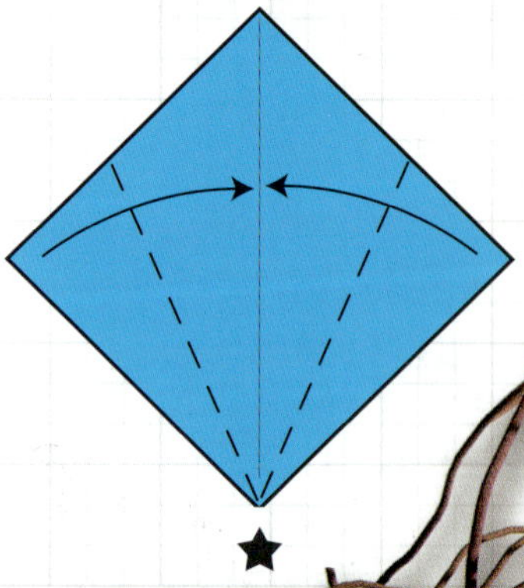

WISSEN

Plesiosaurier mussten wie Schildkröten an Land kommen, um ihre Eier am Strand abzulegen.

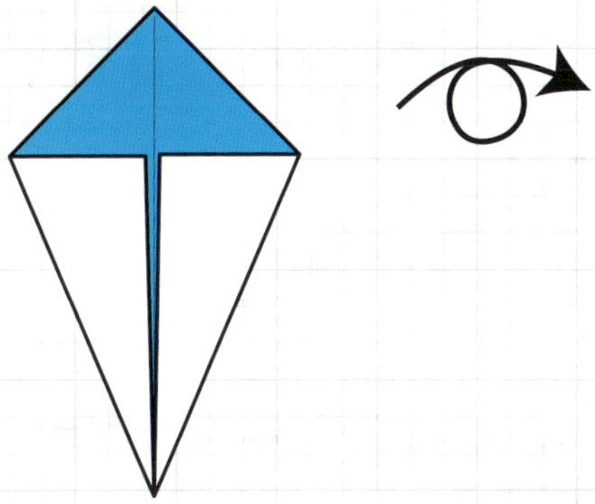

2 Drehe das Faltblatt um.

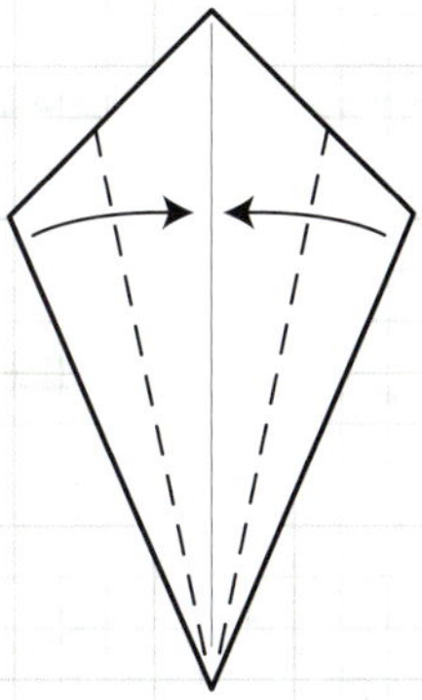

3 Falte beide unteren Kanten zur Mittellinie.

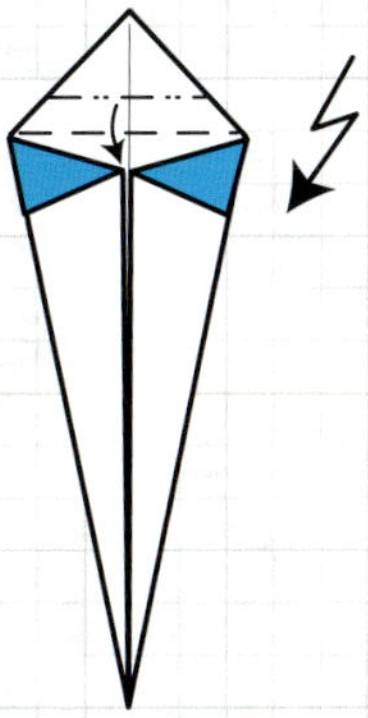

4 Lege eine Falte in die obere (Schwanz-)Spitze.

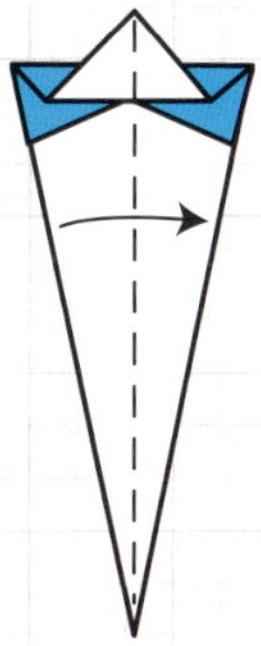

5 Knicke das Modell mit einer Talfalte über die senkrechte Mitte von links nach rechts.

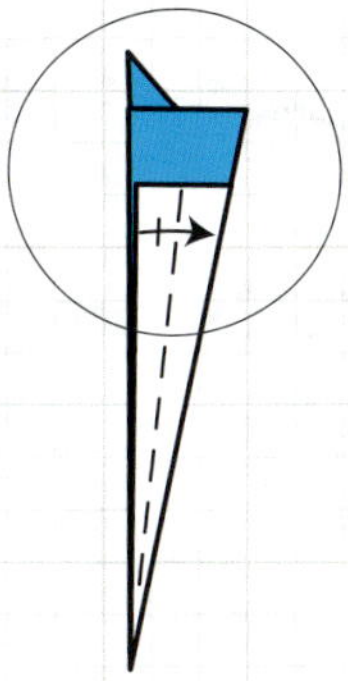

6 Falte die obere Lage mittig nach rechts. Wiederhole das für die andere Seite.

7 Knicke die beiden eingezeichneten Falten in die oberste Lage. Ziehe mithilfe dieser Knicke die Ecke nach unten und glätte das Papier. Die gepunktete Linie zeigt, wo automatisch eine neue Falte entsteht. Wiederhole das auf der anderen Seite.

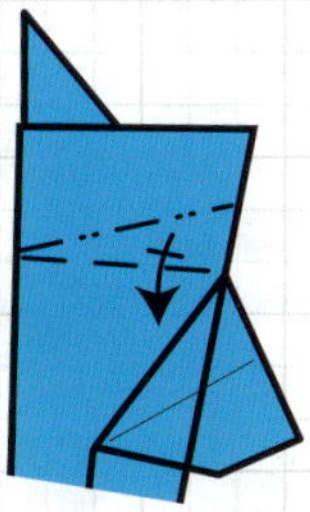

8 Knicke die zwei skizzierten Falten in die Hinterpartie und mache mit ihnen eine Knitterfaltung nach außen, um das Hinterteil des Plesiosauriers nach unten abzuwinkeln.

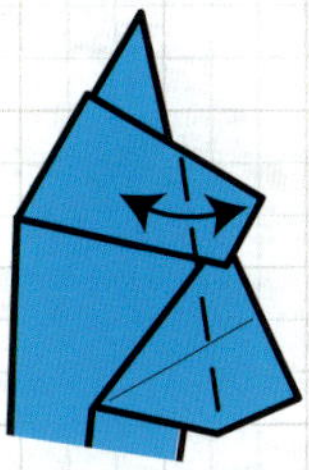

9 Mache eine Falte, die in einer geraden Linie über beide Flossen verläuft. Entfalte sie und wiederhole den Schritt auf der anderen Seite.

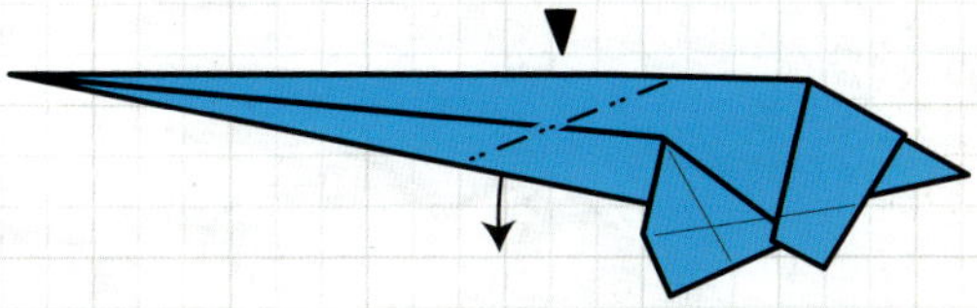

10 Falte den Hals mit einem Gegenknick nach innen. Streiche dafür die durch alle Lagen geknickte Talfalte vorher gründlich glatt.

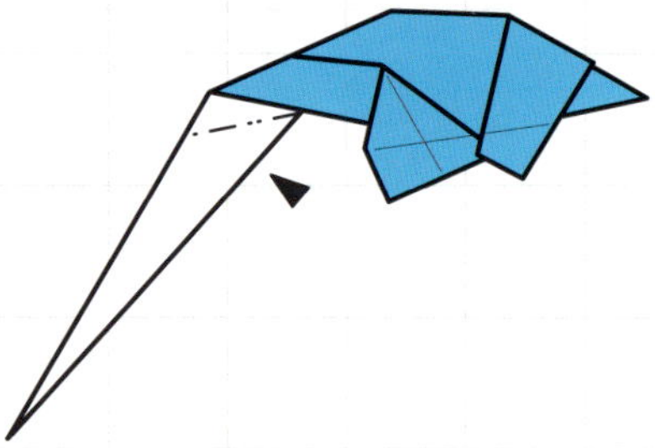

11 Bringe den Kopf mit einem erneuten Gegenknick (Winkel wie abgebildet) wieder nach oben.

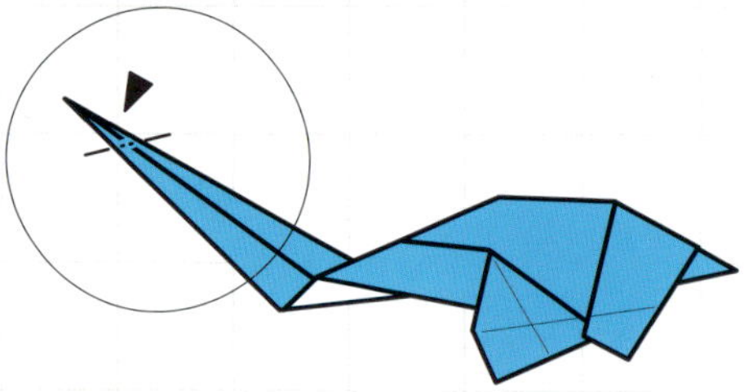

12 Forme den Kopf durch einen kleineren Gegenknick.

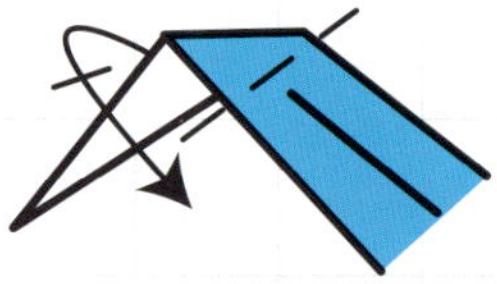

13 Klappe beide Kopfseiten mit Talfalten nach unten.

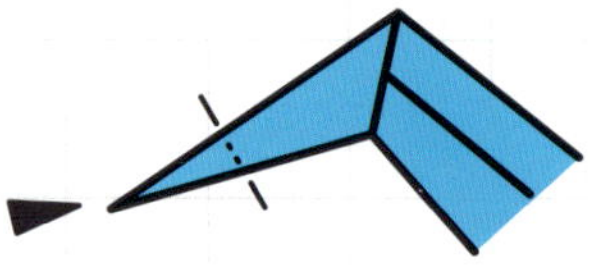

14 Forme die Schnauzenspitze mit einem Gegenknick nach innen stumpf.

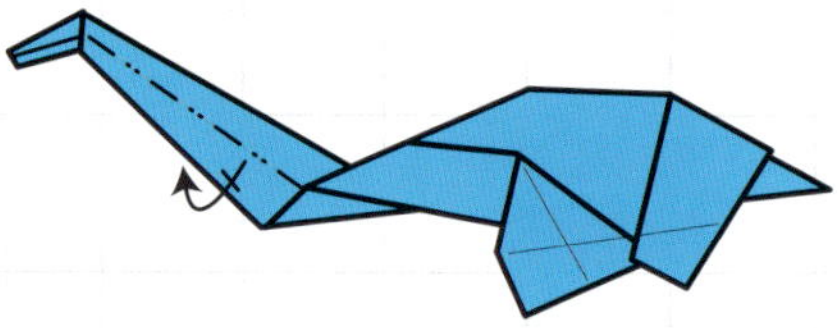

15 Mit Bergfalten auf beiden Seiten bringst du den Hals in Form. Falte noch die Flossen hoch.

WISSEN

Eine Plesiosaurierart, der Elasmosaurus, hatte einen sehr langen Hals mit 28 Wirbeln. Eine Giraffe hat nur 7 Halswirbel, so wie du!

So sollte dein fertiger Plesiosaurier aussehen.

Ophthalmosaurus

Dieser delfinförmige Fischsaurier schwamm vor ungefähr 145 Millionen Jahren in den Meeren der prähistorischen Welt. Auf der Jagd nach Beutefischen konnte er mit Geschwindigkeiten von bis zu 40 km/h durchs Wasser schießen. Seine tellergroßen Augen ermöglichten ihm die Sicht auch in dunklen Gewässern weit unterhalb der Meeresoberfläche.

Riesige Augen

Im Verhältnis zu seinem Körper hatte er die größten Augen aller prähistorischen Tiere.

WISSEN

Trotz seines fischartigen Aussehens war der Ophthalmosaurus ein lungenatmendes Reptil und musste zum Luftholen an die Wasseroberfläche kommen.

KOMPLEX ★★★★

Falte einen Ophthalmosaurus

Ein Fischsaurier-Modell für Origami-Meister!

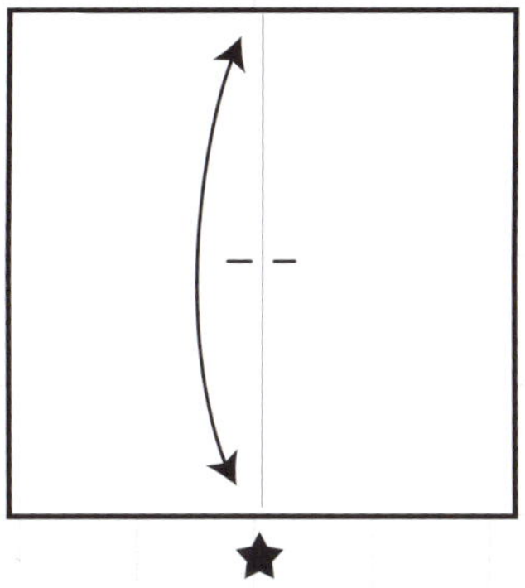

1 Die weiße Seite liegt oben. Falte das Blatt mittig. Öffne es wieder. Falte auch die andere Mittellinie, streiche aber nur einen kleinen Bereich zur Markierung glatt.

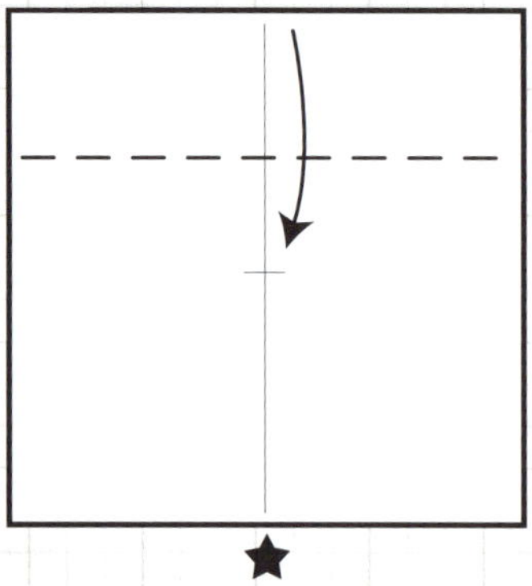

2 Falte die obere Kante zur Markierung runter.

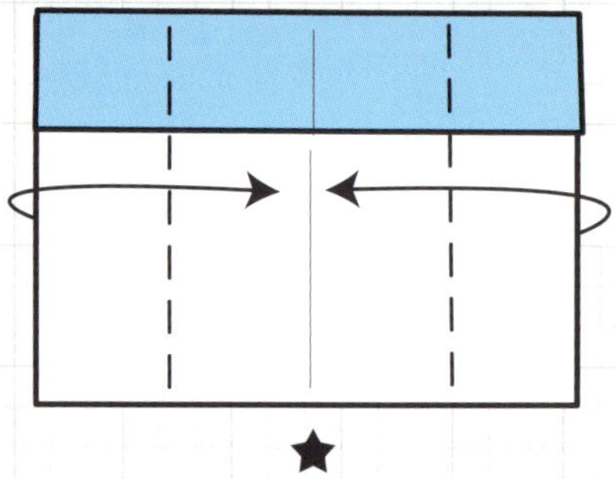

3 Falte die seitlichen Kanten zur Mittellinie.

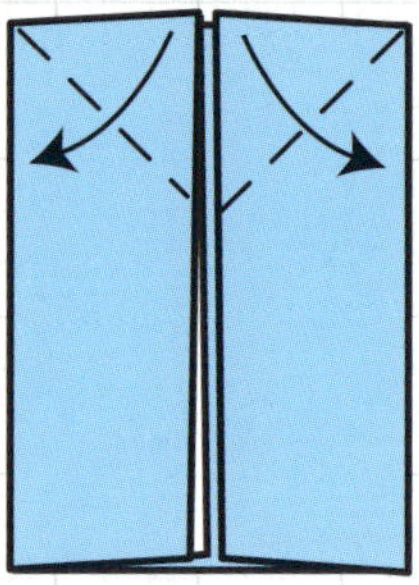

4 Falte die oberen Kanten zu den seitlichen Kanten runter.

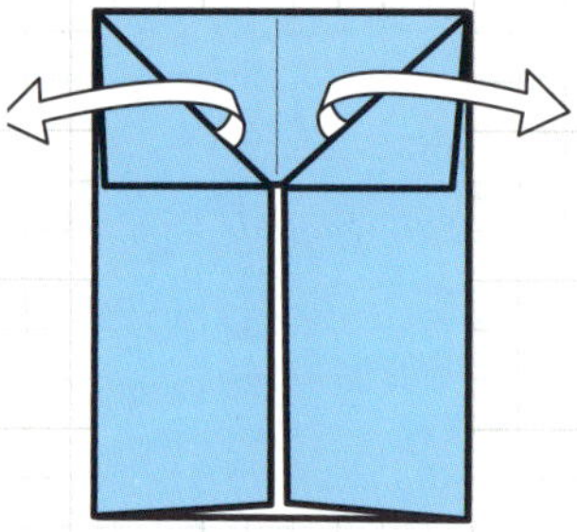

5 Ziehe vorsichtig die innen liegenden Dreiecke nach außen und glätte den länglichen oberen Bereich.

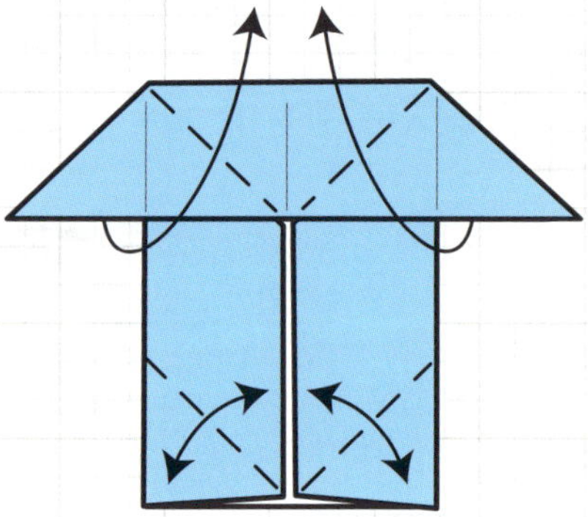

6 Falte jede Hälfte der unteren Kante zur senkrechten Mitte und entfalte die Knicke. Falte die oberen Klappen wie gezeigt nach oben.

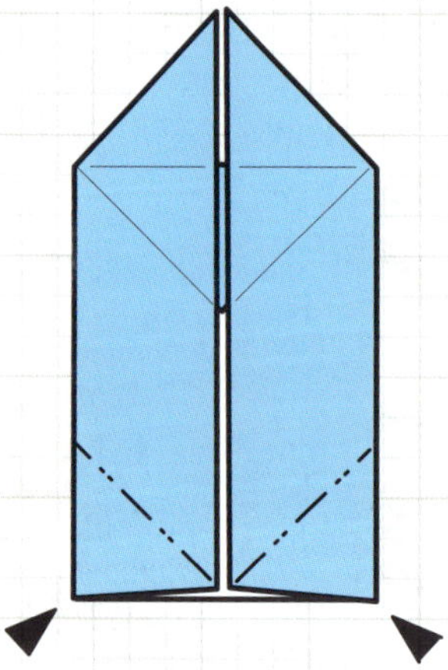

7 Falte die unteren Ecken mit Gegenknicken nach innen.

WISSEN

Die Gruppe der Fischsaurier bevölkerte die Erde früher als die Dinosaurier, starb aber anders als die Plesiosaurier vor ihnen aus.

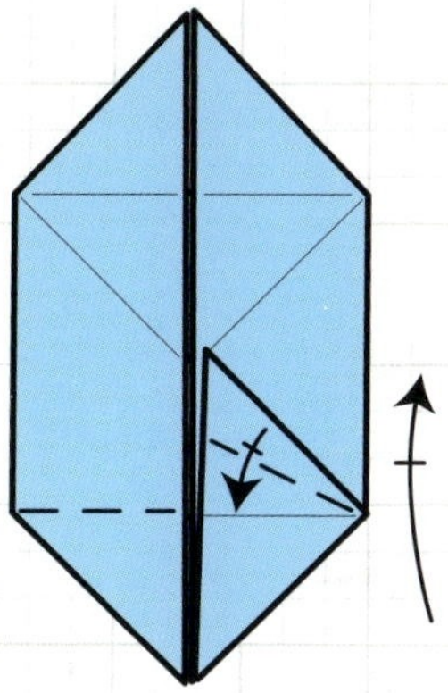

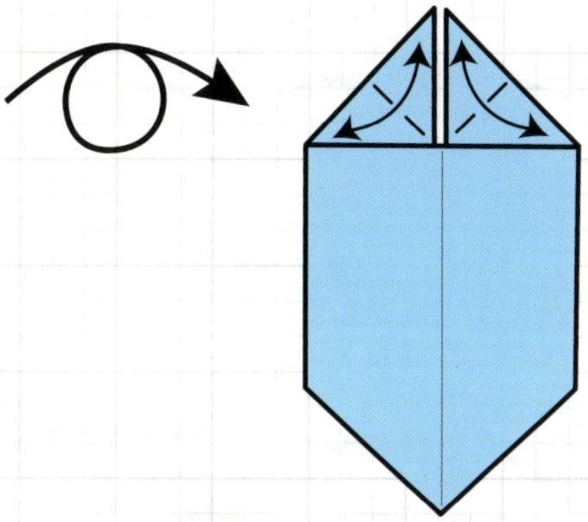

8 Falte die dreieckige Klappe unten rechts nach oben und falte sie direkt wieder in der Mitte nach unten. Wiederhole beides links.

9 Drehe das Modell um und falte beide dreieckigen Klappen oben in der Hälfte und entfalte die Knicke wieder.

WISSEN

Fischsaurier waren so gut ans Leben im Wasser angepasst, dass sie lebende Junge im Wasser zur Welt brachten.

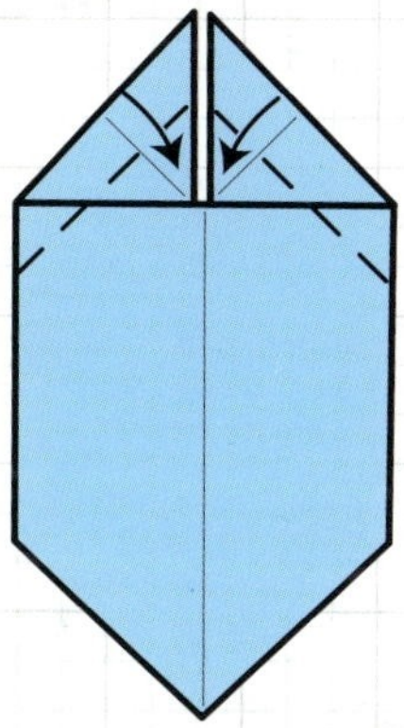

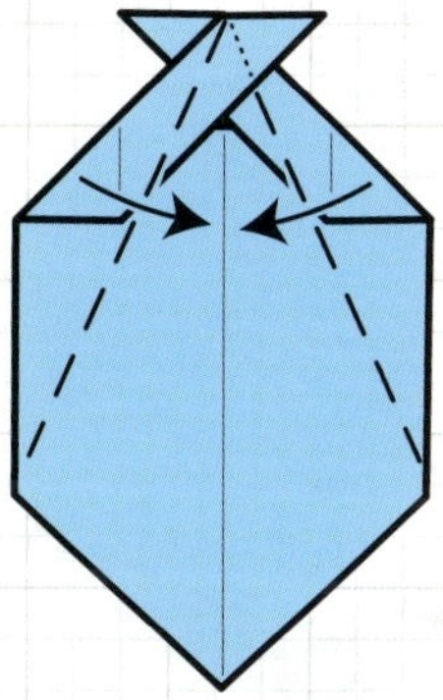

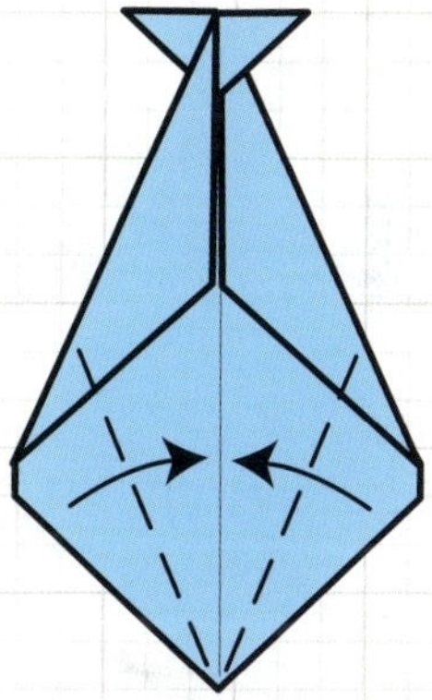

10 Falte die oberen Kanten zu dem Punkt nach unten, wo sich die dreieckigen Klappen treffen. So entsteht der Schwanz. Die Schwanzflossen überkreuzen sich.

11 Das ist das Ergebnis. Falte die oberen Kanten zur Mitte hin und glätte die Knicke besonders am Schwanzende.

12 Falte beide unteren Kanten zur Mitte.

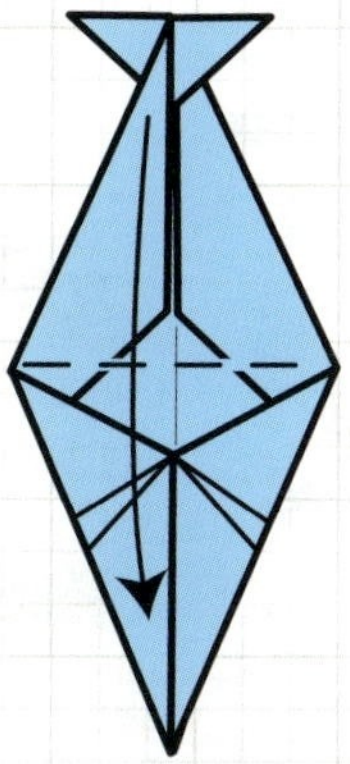

13 Falte den Schwanz mit einem kleinen Abstand wieder nach oben.

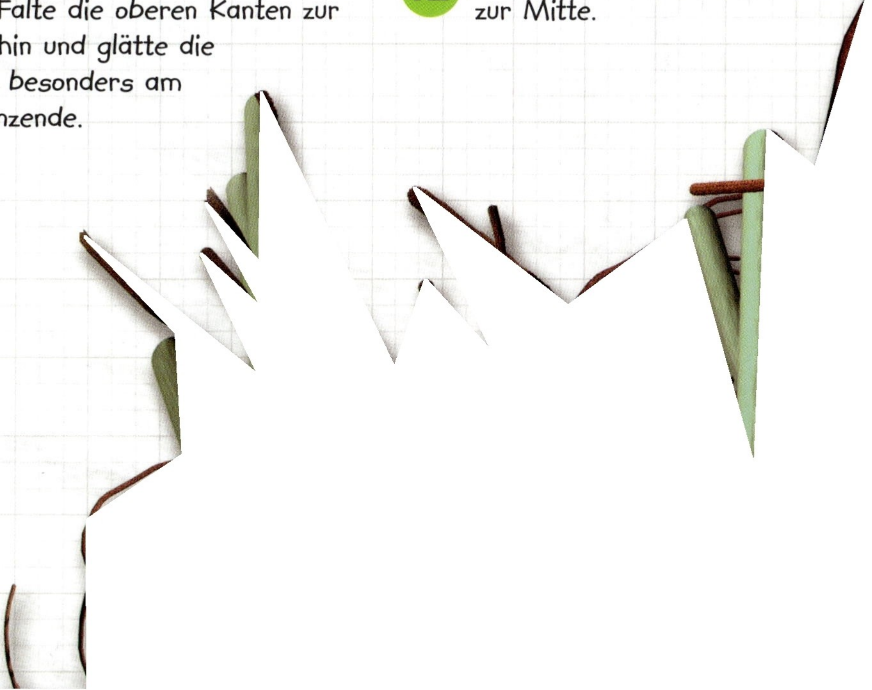

WISSEN

Vor dem starken Wasserdruck im tieferen Meer waren die Augen des Ophthalmosaurus durch Knochenringe rundherum geschützt.

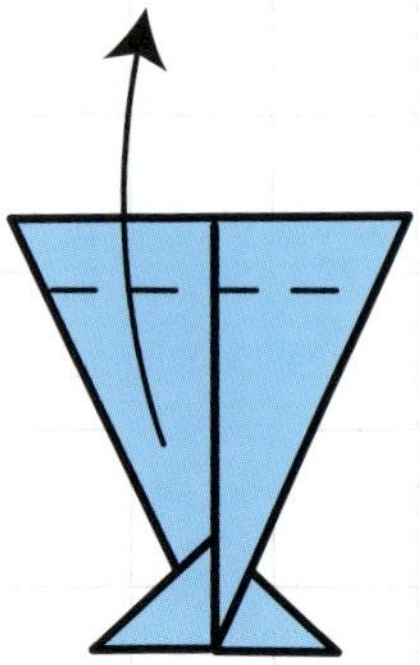

14 Falte den Schwanz mit einem kleinen Abstand wieder nach oben.

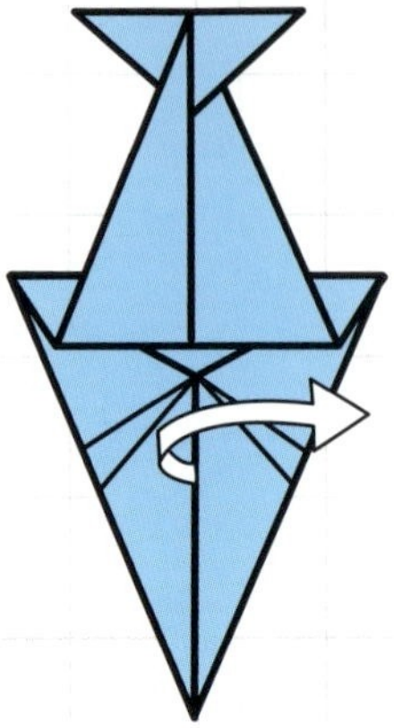

15 Ziehe vorsichtig die Klappe unten rechts heraus.

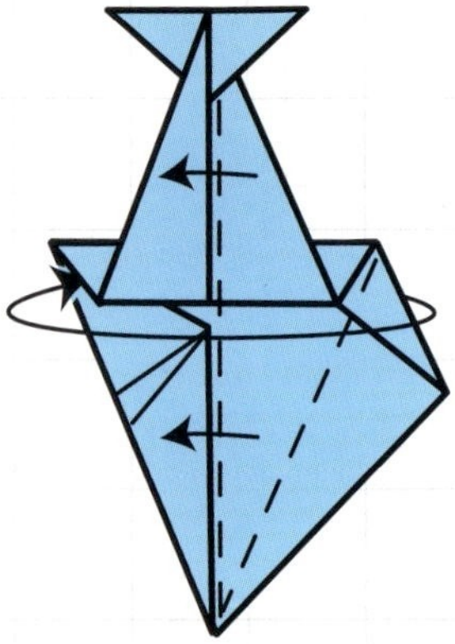

16 Klappe das Modell in der Hälfte zusammen und stecke dabei die Klappe in der Flossenfalte fest.

So sollte dein fertiger Ophthalmosaurus aussehen.

Antarctosaurus

Dieser Riesen-Dinosaurier gehörte zur Gruppe der sogenannten Sauropoden (langhalsige Pflanzenfresser) und war ein entfernter, wenn auch mit 40 m deutlich größerer Verwandter des Diplodocus. Antarctosaurus lebte am Ende der Kreidezeit, ungefähr vor 70 Millionen Jahren, und war einer der letzten Dinosaurier.

Schwere Mahlzeit
Vermutlich haben Sauropoden zur besseren Verdauung ihrer Nahrung Steine verschluckt.

KOMPLEX ★★★★

Falte einen Antarctosaurus

Erstelle ein Papiermodell dieses gewaltigen Dinosauriers.

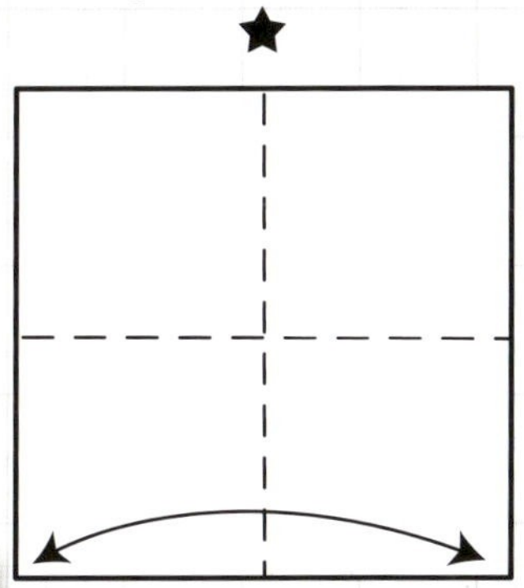

1 Die weiße Seite liegt oben. Falte die Kanten zusammen und entfalte die Knicke wieder.

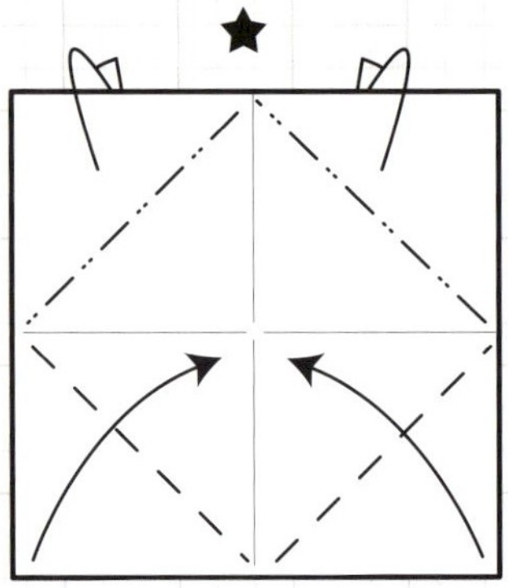

2 Falte die zwei unteren Ecken zur Mitte und die beiden oberen Ecken mit einer Bergfalte nach hinten weg zur rückwärtigen Mitte.

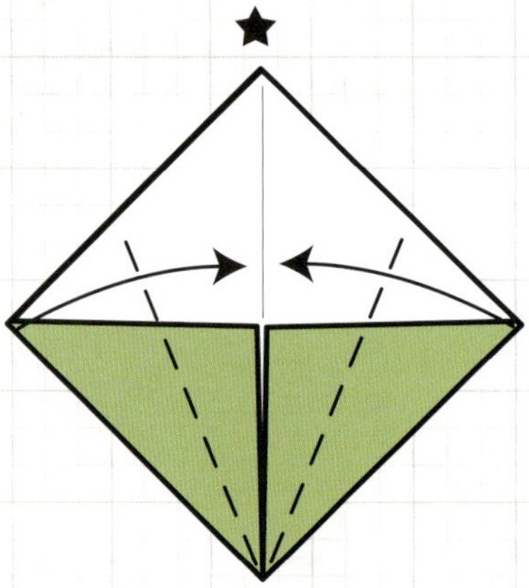

3 Falte die beiden unteren Kanten zur Mitte hin.

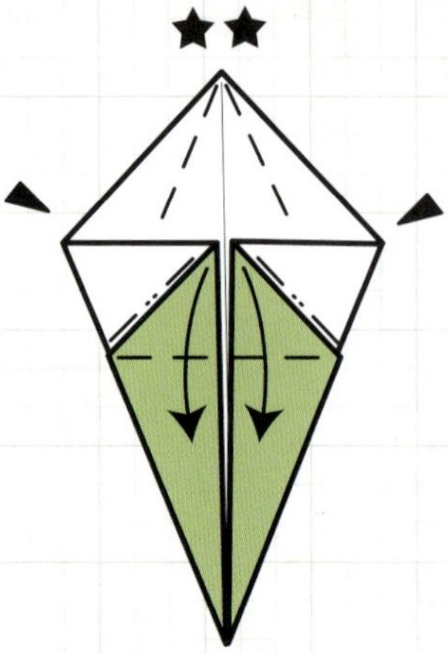

4 Falte die Spitzen aus Schritt 3 nach unten, während du gleichzeitig die oberen Kanten zur Mitte hin faltest und die seitlichen Ecken glatt streichst.

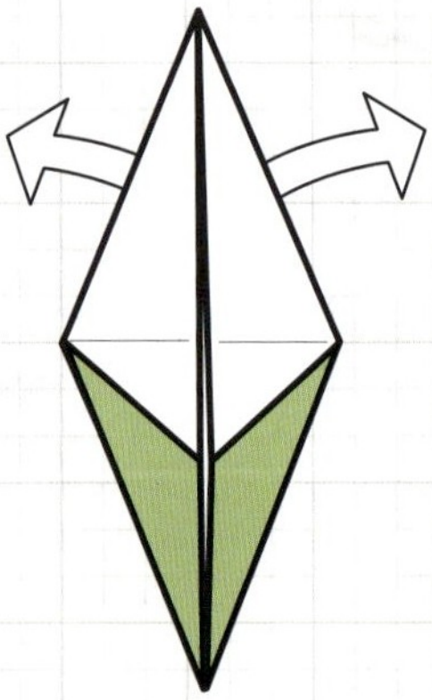

5 So sollte dein Modell aussehen. Öffne die beiden hinteren Klappen.

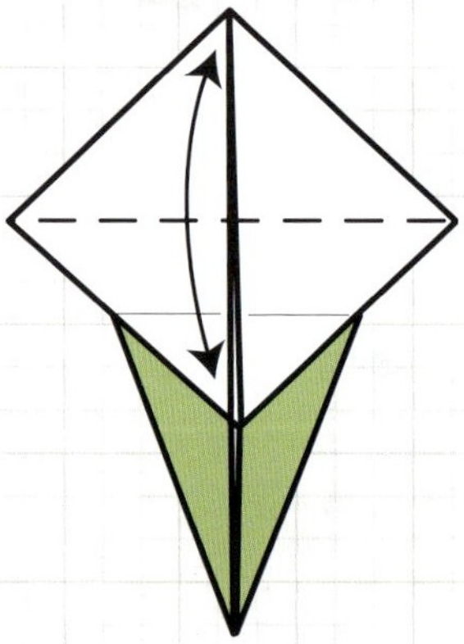

6 Falte das weiße Quadrat mittig und öffne den Knick wieder.

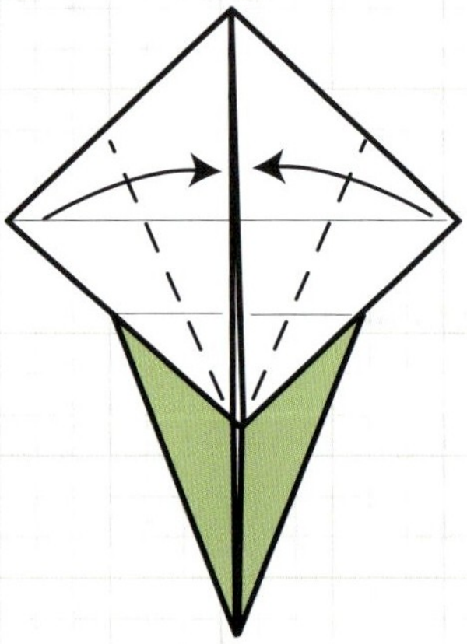

7 Falte die unteren Kanten des weißen Quadrats zur Mitte hin, wie in Schritt 3.

WISSEN

Antarctosaurus hat mit der Antarktis nichts zu tun, sondern bedeutet (Grund ist der Fundort in Südamerika) »südliche Echse«.

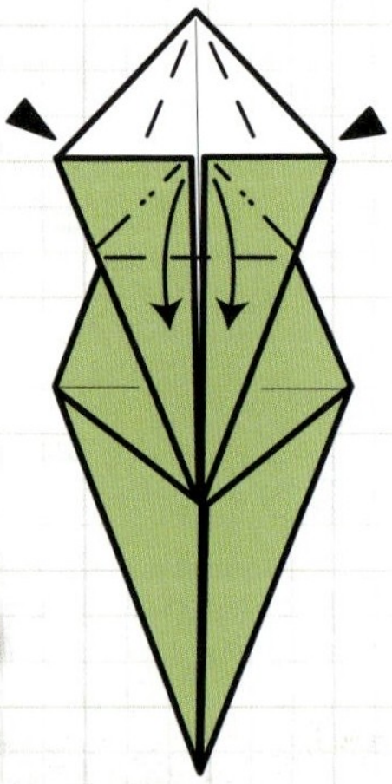

8 Wiederhole Schritt 4 am drachenförmigen, oberen Teil.

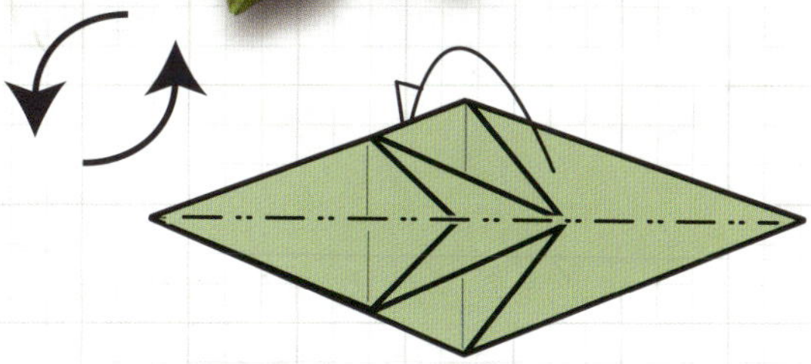

9 Drehe das Modell und klappe es mit einer Bergfalte mittig zusammen.

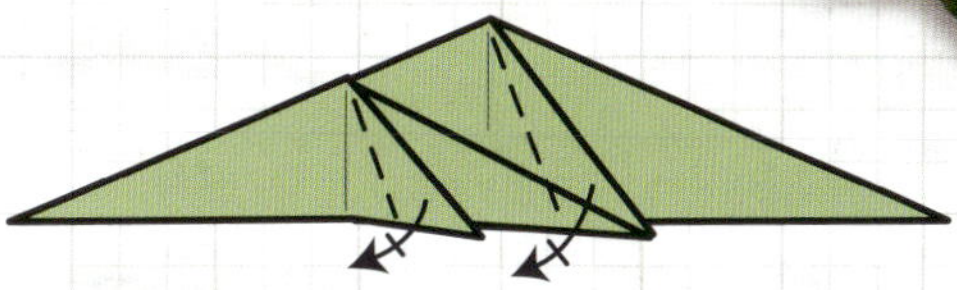

10 Falte alle vier Beine nach vorne unten.

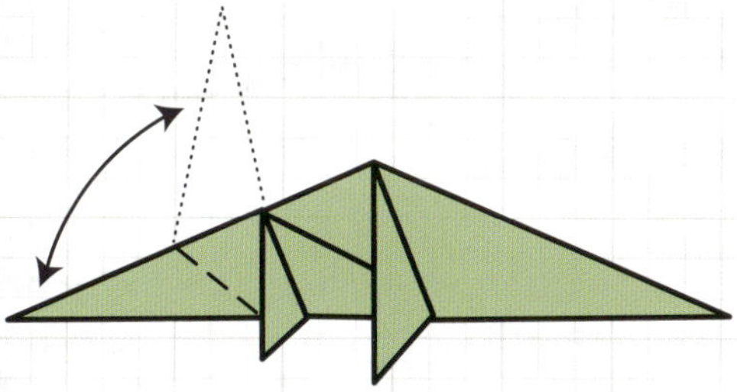

11 Knicke den Hals wie skizziert und entfalte ihn wieder.

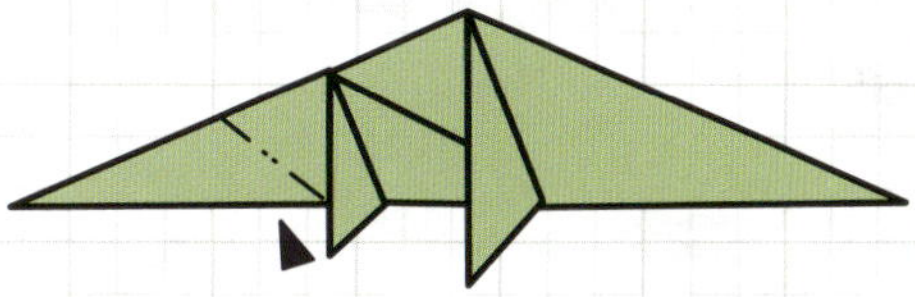

12 Bringe den Kopf mit einem Gegenknick des Halses nach oben.

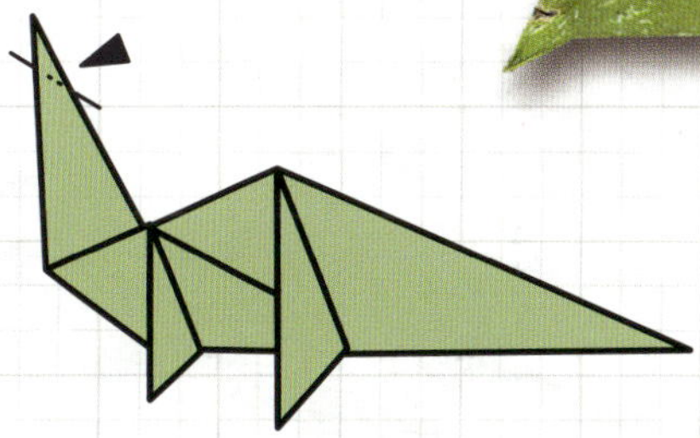

13 Mit einem kleineren Gegenknick nach innen formst du den Kopf.

So sollte dein fertiger Antarctosaurus aussehen.

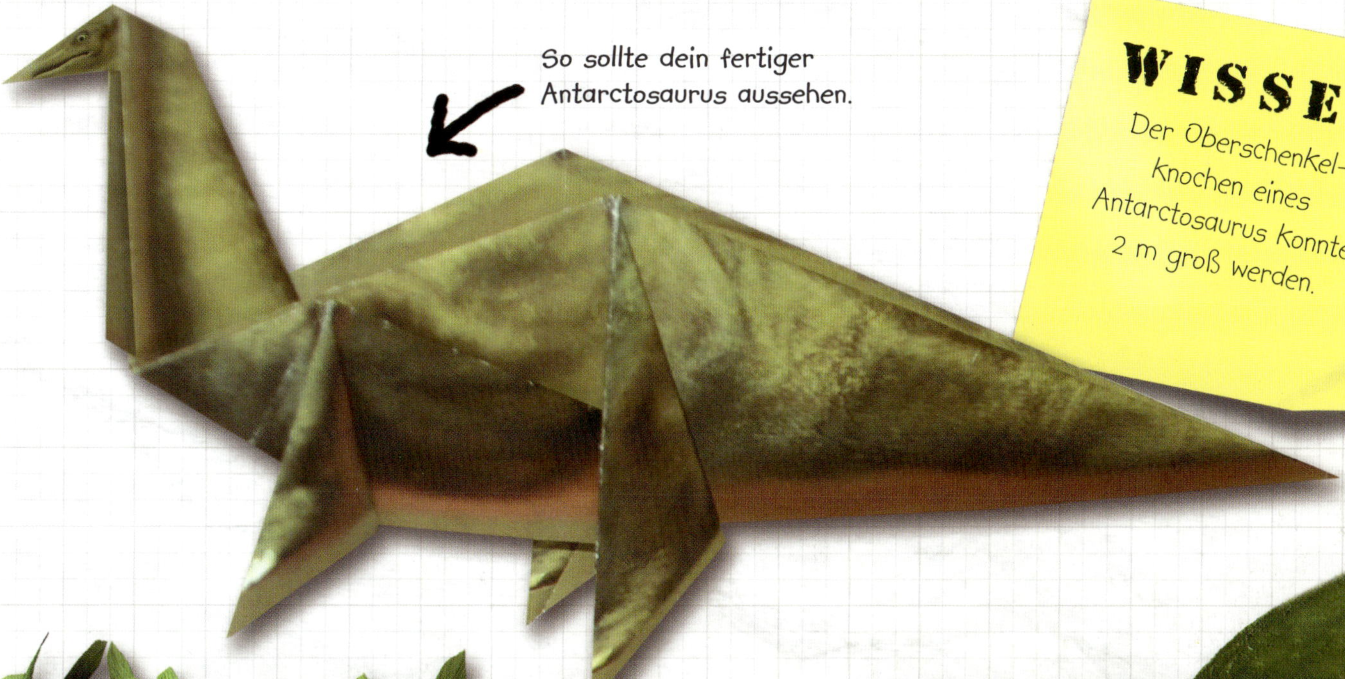

WISSEN

Der Oberschenkelknochen eines Antarctosaurus konnte 2 m groß werden.

Tipps und Tricks

Falt-Tipp
Arbeite immer auf einem festen, glatten Untergrund und streiche deine Knicke fest mit einem sauberen Finger glatt. Falte langsam und streiche den Knick nicht glatt, bevor du sicher bist, dass das Papier richtig liegt.

Schritt-für-Schritt-Anleitung nutzen
Wenn du einen Schritt nicht nachvollziehen kannst, sehe dir immer die nächste Skizze an. Sie zeigt, wie dein Modell jetzt aussehen muss. Studiere Text und Skizze genau. Wenn du trotzdem weiterhin Probleme hast, lege das Modell ein Weilchen zur Seite und versuche es später zu knacken.

Unterschiedliches Papier
Probiere unterschiedliche Papiersorten aus: dickeres und dünneres Papier, aber auch Geschenkpapier für eine andere Optik. Lebewesen sehen oft besser aus, wenn sie aus gemustertem Papier gefaltet werden.

Quadratisches Papier
Die meisten Origami-Modelle werden aus quadratischen Papierstücken gefaltet. Wenn du dir selbst Quadrate zuschneiden willst, achte darauf, dass alle Seiten exakt gleich lang sind.

Origami-Meister
Wenn du alle Tiere in diesem Buch geschafft hast zu falten, bist du ein Origami-Meister! Dich zur Ruhe setzen solltest du trotzdem nicht: Im Internet findest du jede Menge Origami-Webseiten mit interessanten Faltmodellen.

Tyrannosaurus Rex

Faltblatt für die Anleitung auf Seite 6–7

Dinosaurier-Junges

Faltblatt für die Anleitung auf Seite 26–28

Faltblat

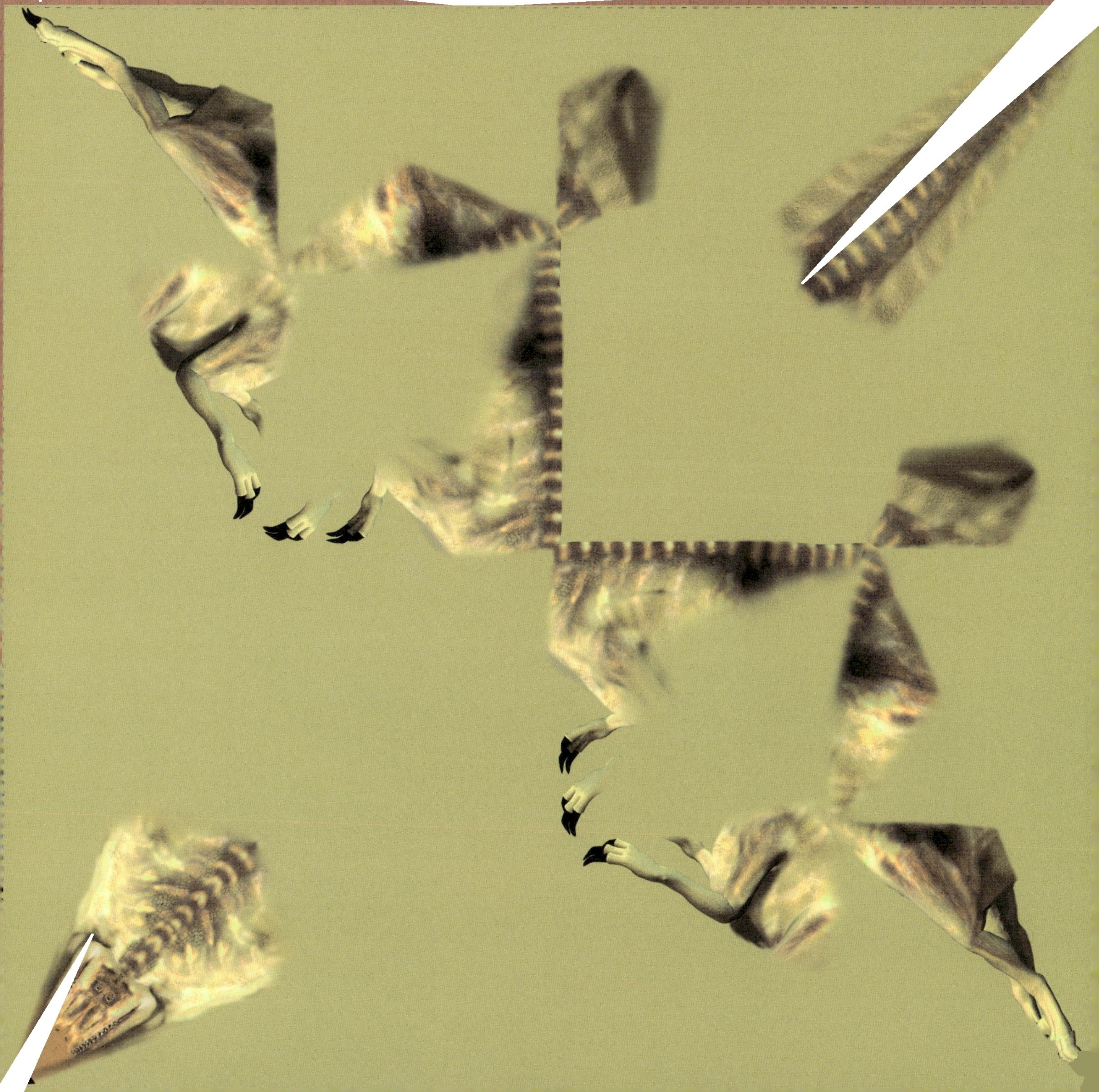

Diplodocus

Faltblatt für die Anleitung auf Seite 33–35

Flugsaurier

Faltblatt für die Anleitung auf Seite 36–37

Plesiosaurier

Faltblatt für die Anleitung auf Seite 38–40

Ophthalmosaurus

Faltblatt für die Anleitung auf Seite 41–44

Antarctosaurus

Faltblatt für die Anleitung auf Seite 45–47

Tyrannosaurus Rex

Faltblatt für die Anleitung auf Seite 6–7

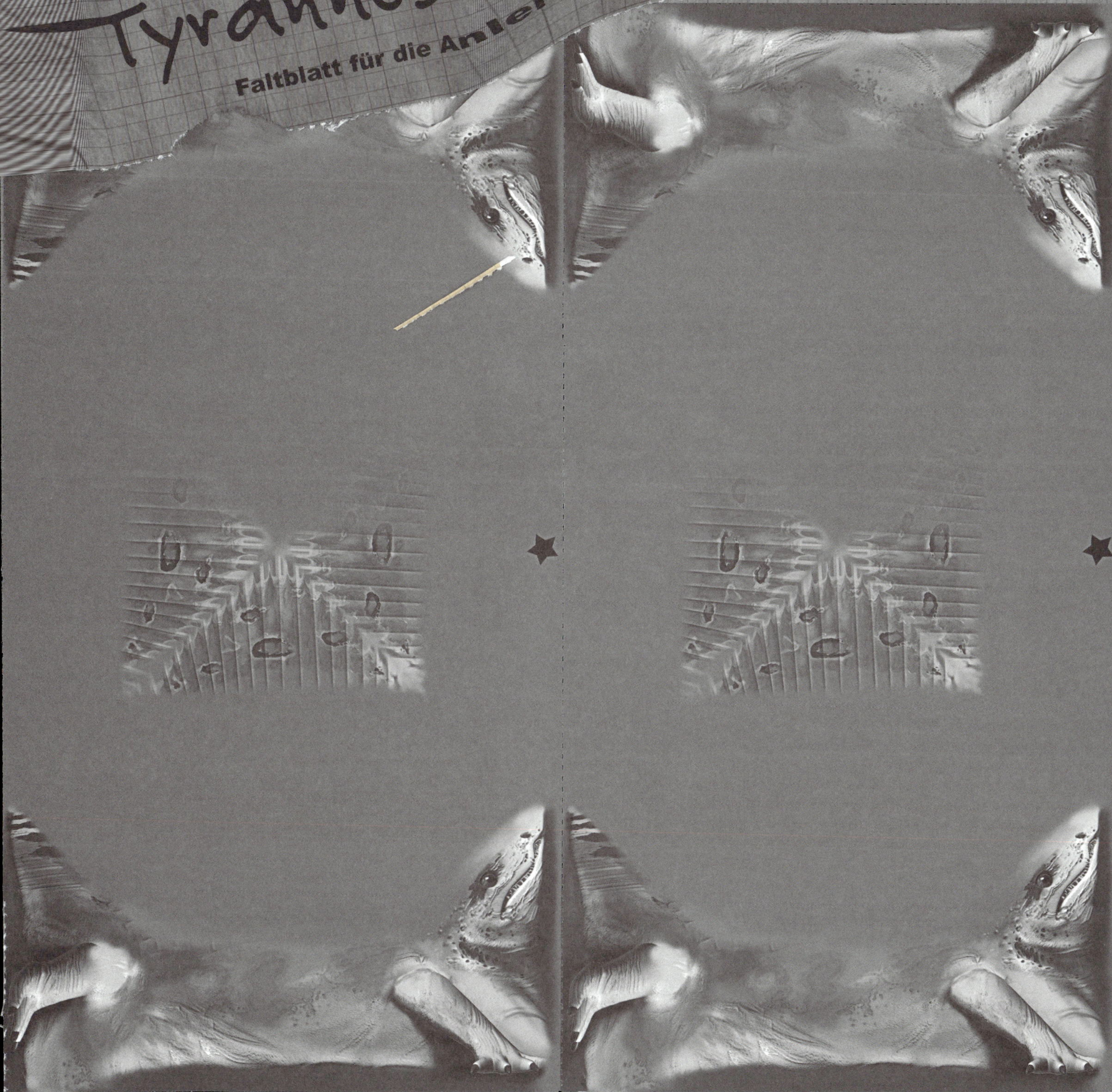

Psittacosaurus

Faltblatt für die Anleitung auf Seite 14–17

Styracosaurus

Faltblatt für die Anleitung auf Seite 18–21

Spinosaurus

Faltblatt für die Anleitung auf Seite 22–25

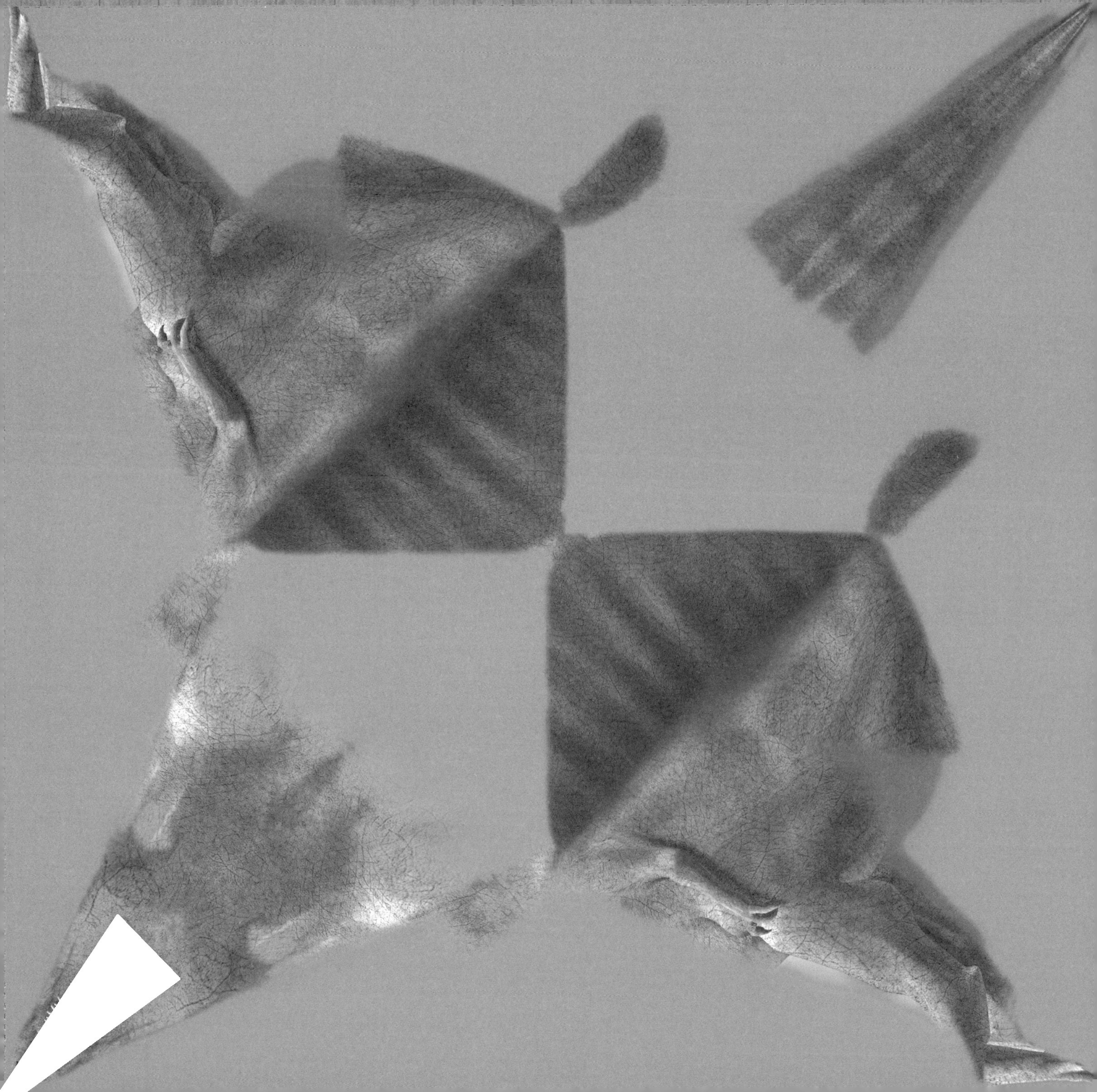

Dinosaurier-Junges

Faltblatt für die Anleitung auf Seite 26–28

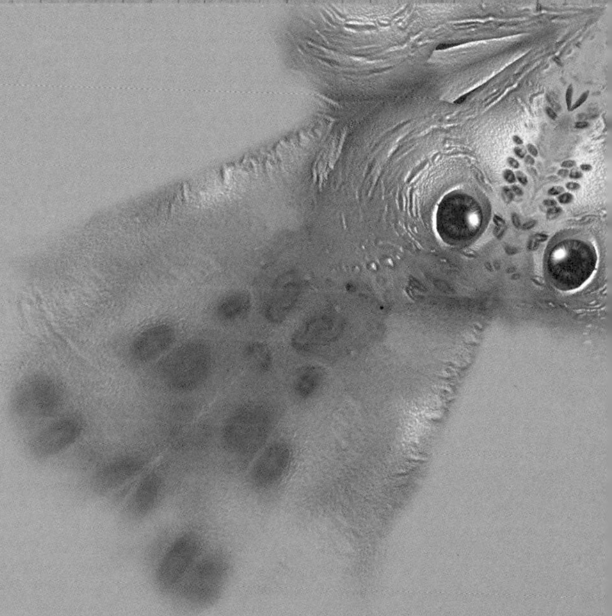

att für … g auf Seite 29–32

Diplodocus

Faltblatt für die Anleitung auf Seite 33–35

Flugsaurier

Faltblatt für die Anleitung auf Seite 36–37

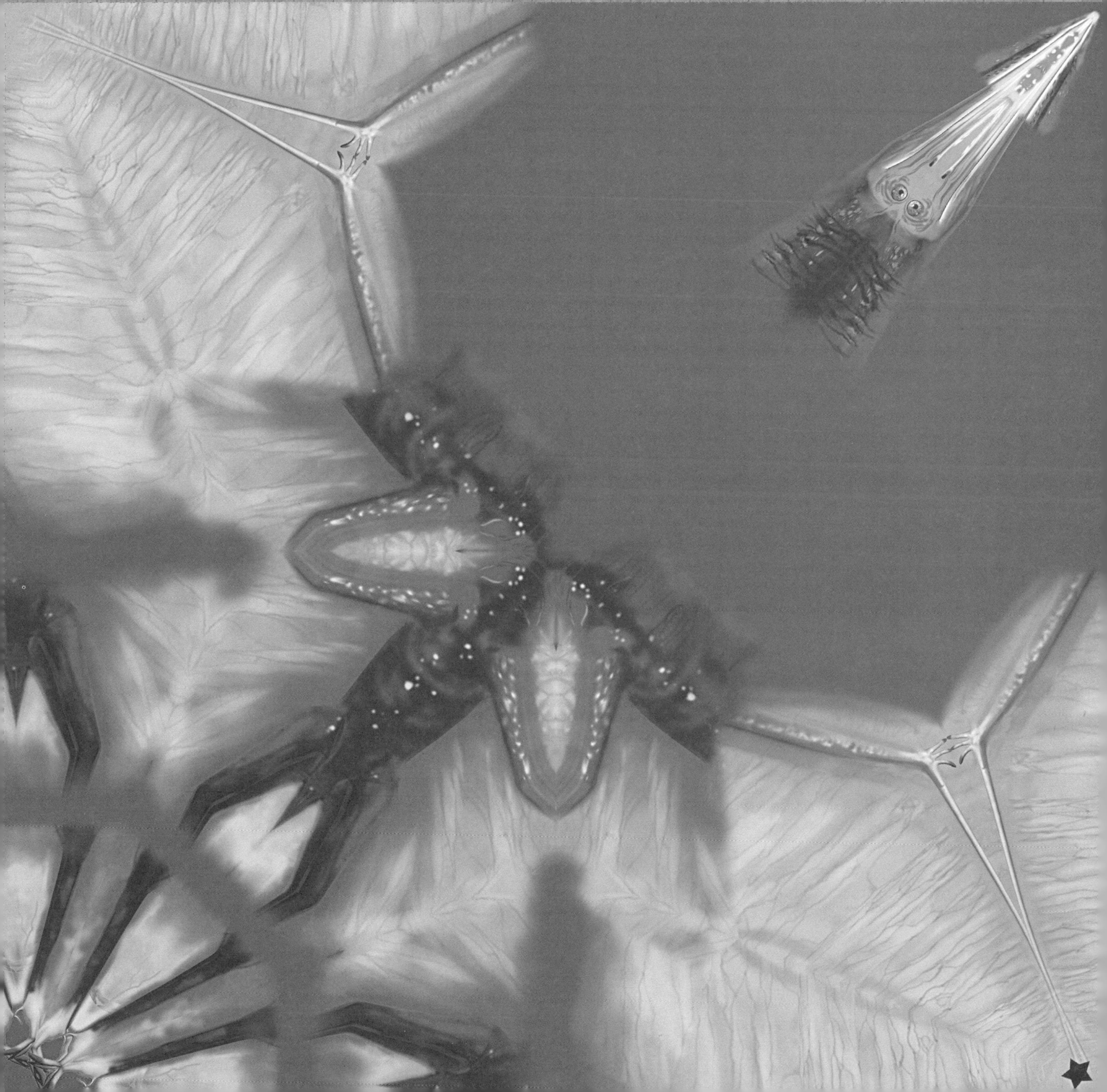

Ophthalmosaurus

Faltblatt für die Anleitung auf Seite 41–44

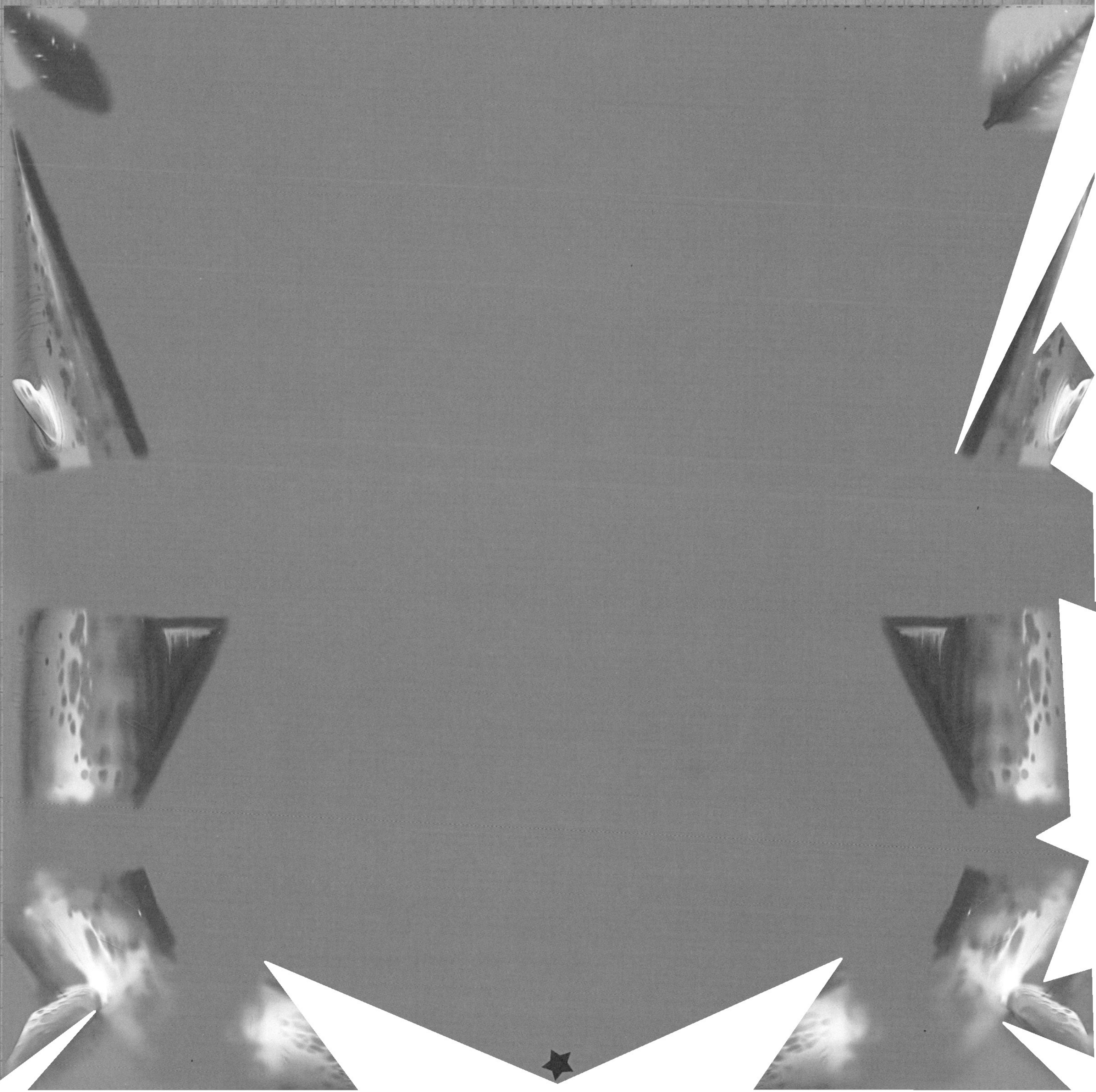

Antarctosaurus

Faltblatt für die Anleitung auf Seite 45–47

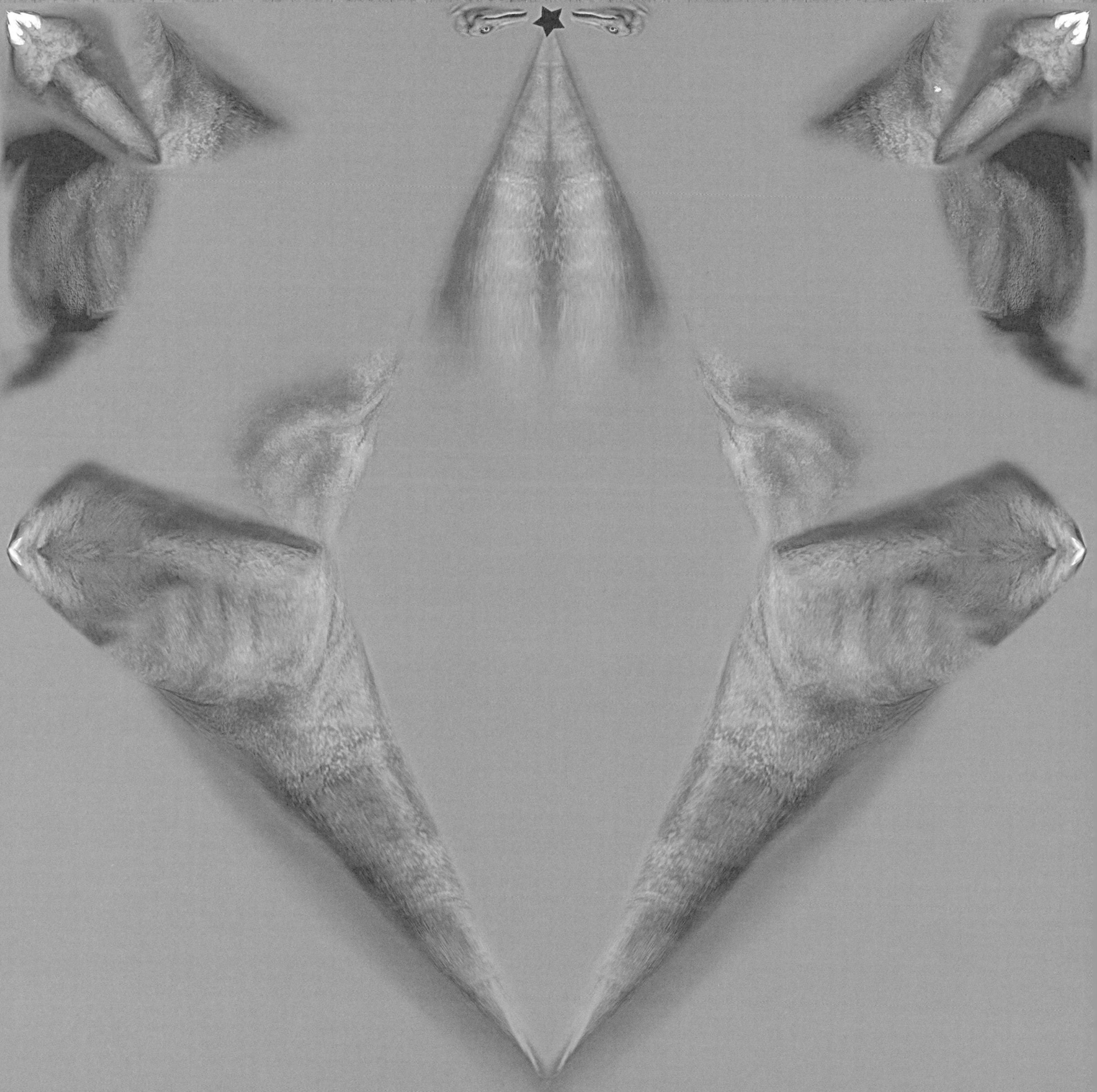